ABENTEUER

SEELENLEBEN

Wundertütenpoet

VON

TINA HÜSCH

EINE REISE ZU DIR SELBST

Bibliografische Information der Deutschen Nationalbibliothek: Die Deutsche Nationalbibliothek verzeichnet diese Publikation in der Deutschen Nationalbibliografie; detaillierte bibliografische Daten sind im Internet über dnb.dnb.de abrufbar.

© 2022 Tina Hüsch

ISBN: 9783754360965

Foto: Katharina Nix

Herstellung und Verlag: BoD – Books on Demand, Norderstedt

ABOUT ME

Ich mag es, in mich hineinzuhören und den verschiedenen Gefühlen, die in mir leben, zu folgen.

Sie bringen mich in immer neue Welten und schenken mir frische Erkenntnisse über mein eigenes Sein.

Denn da lebt so vieles in mir und möchte meine Aufmerksamkeit, um Wirklichkeit werden zu dürfen.

Denn ohne mein Erkennen, kann nichts zur Wirklichkeit werden und wäre in der Vergänglichkeit verloren.

So liebe ich es, den Himmel bei seinem täglichen Wolkenspiel zu beobachten und ihm bei seinem nächtlichen Sternentreiben zuzuschauen, da meine Seele in diesen Augenblicken der Unendlichkeit so nah ist.

Ich bin immer wieder erstaunt darüber, wie viele Gefühle in einem Körper Platz finden und einen durch das Leben begleiten.

So kann ich viel mehr fühlen als denken und noch viel weniger von all dem kann ich letztendlich in Worten ausdrücken.

Dadurch sind Gefühle für mich essentiell und wollen in allen Farben gelebt werden, damit meine Seele sich wohlfühlen kann.

TINA

FÜR

MEINES LEBENS

SIEBTEN SINN ...

Das ganze Leben ist ein Gefühl.

Jeder Lebenszustand

hat sein eigenes Lebensgefühl.

Komm mit mir auf eine Reise

durch die verschiedenen Emotionen

Deines Seelenlebens und lerne Dich

und Deine Crew dabei selbst besser kennen.

Denn Du bist nicht allein,

da leben so viele und so vieles in Dir.

INHALT

RUMMELPLATZ MEINER SEELE

Ich denke über das Leben nach, also bin ich am Leben ...
Doch lebe ich schon, oder denke ich zu viel?
Was ist eigentlich das Leben?
Eine Existenz, die mir mein eigenes Dasein bewusst machen
und nahebringen sollte?
Ich überlege, wie ein Bild des Lebens wohl aussehen würde,
wenn man es anfinge zu zeichnen.
Die Welt als ein riesengroßes Puppenhaus des lieben Gottes,
die Katastrophen wären des Teufels Beitrag und mittendrin das LEBEN.
Jeder hat sein eigenes ... und jeder sollte sich auch um sein eigenes Leben
kümmern und schauen, dass es keinen Schnupfen bekommt,
denn so ein Leben kann sehr empfindlich sein.
Für mich ist das Leben so etwas wie eine REISE, eine Studienreise mit
vielen Prüfungen, die man bei Nichtbestehen in den verschiedensten
Formen wiederholen muss.
Bei jedem Mal Durchfallen gibt's noch mal ´ne Ehrenrunde, und man sollte
auch bei bestandener Prüfung nicht mit einem Diplom rechnen.
Eine Ehrenrunde erkennt man auch wunderbar daran, dass man das Gefühl
nicht loswird, sich im Kreis zu drehen.
Einblick, Einsicht,
Erkenntnis ...

Über die Dauer oder den Verlauf seiner Lebensreise weiß man mit Gewissheit nur, dass es einen Anfang gegeben hat und ein Ende folgen wird. Bleibt man beim Bild, so sieht man ein Schiff, ein Flugzeug, eine Eisenbahn, einen Bus.

Ein jeder sucht sich das Beförderungsmittel, das seinem eigenen Charakter am nächsten kommt, und bei den meisten Menschen wechselt das Transportmittel des Öfteren, je nach Lebenssituation.

Natürlich weiß man auch nie, mit welcher Transportmöglichkeit gerade das Unglück oder das Glück verreist, sonst würde man sich einfach beim Glück dazumogeln und hoffen, dass niemand merkt, dass der passende Fahrschein vielleicht fehlt.

Manchmal lässt das Leben auch nicht viele Möglichkeiten zu, man läuft handystarrend in der Spur, blickt weder nach rechts oder links, man folgt einem fest vorgeschriebenen Weg, ohne diesen in Frage zu stellen, man ist also mit dem Zug auf starren Schienen unterwegs.

Ein anderes Mal weiß man gar nicht so recht, wo es langgeht, man steigt ein und sieht für eine Zeit lang nur einen kleinen Radius um sich herum, alles ist eng, nervt, hat einen schlechten Geruch …

alles ist im Nebel: Also befindet man sich im Flugzeug.

Oder man fühlt sich wie eine Insel, auf der nur bestimmtes Leben vorkommt, und hat Angst, jede Welle könnte einen überrollen, dann ist man für eine Zeit lang mit dem Schiff unterwegs.

Wie schon gesagt, viele Menschen wechseln das Verkehrsmittel des Öfteren, doch es gibt auch einige unter uns, die bleiben ihrem Transportmittel treu, egal was passiert, sie bleiben mit ihrem Hintern sitzen, auch wenn die Straße vereist ist oder ihr Gefährt gerade einen Platten hat.

Ich für meinen Teil habe das Gefühl, in einem Bus zu sitzen, mit vielen Haltestellen und Orten …

Und somit ähnelt mein Leben im Moment einer Fahrt in einem Reisebus mit vielen Zielen. Es steigen Menschen zu, es steigen Menschen aus, und alles unterliegt einem ständigen Wandel.

So sitze ich in meinem „Reisebus" und schaue mich mit großen Augen um ... Es herrscht ein buntes Treiben, alle Sitzplätze sind belegt, sogar im Gang tummeln sich noch ein paar Leute.

Es gibt viele Verwandte, Bekannte, Kollegen und Freunde – einige von ihnen leuchten hell und ihre Anwesenheit bereitet mir Freude, einige von ihnen scheinen nur körperlich anwesend und innerlich leer zu sein.

Mein Vater ist bereits vor ein paar Stationen ausgestiegen, und egal wie viele Haltestellen es noch geben wird, er wird nie wieder zusteigen ... das macht mich unendlich traurig.

Viele werden noch aussteigen und große Lücken hinterlassen, und bei anderen werde ich vielleicht gar nicht merken, dass sie bereits ausgestiegen sind.

Wiederum andere werden vielleicht einfach nur umsteigen, mal mit einem Lachen, mal mit einem Weinen in der Seele ... Und bestimmt hat meine Seele hier und da auch aufgeatmet, wenn jemand sich entschieden hat, eine andere Route einzuschlagen, oder ich ihn gebeten habe, umzusteigen und ich konnte mich wieder mehr freuen, da ich mich freier gefühlt habe.

Viele werden positive Spuren in meiner Seele und meinem Herzen hinterlassen, ich werde sie nie vergessen und mich immer mit einem Lächeln im Gesicht an sie zurückerinnern.

Doch es gibt auch jene, die einem Seele und Herz verkratzt haben, und bei diesen Menschen sollte man in der Kathedrale seines Herzens Kerzen aufstellen, wenn man sie endlich losgeworden ist.

Und in einem sind wir uns alle gleich, und das ist auch eine Art Gerechtigkeit in unserem Leben, ein jeder von uns hat nur diese eine Reise. Keiner von uns hat unendlich viel Zeit, ein jeder hat nur dieses eine Leben und keiner kann sich ein zweites kaufen, keiner kommt lebend aus dem Leben raus. Das ist auch das große Frage-und-Antwort-Spiel, wir wissen nie, an welcher Station wir vielleicht umsteigen, da sich unsere Pläne geändert haben, oder aussteigen, da unsere Reise zu Ende ist.

Und wie schön wäre es, dass, wenn der Moment kommt und wir für immer aussteigen müssen, etwas von uns zurückbleibt, was den restlichen Reisenden ein Lächeln in die Seele zaubert.

Unser Leben gleicht einem großen Experiment und wir sollten alle Risiken wagen, und die schönste Route unter dem sternenreichsten Himmel nehmen, mit dem größten Eisbecher und den wildesten Schmetterlingen im Bauch ...

Deshalb stehe ich von meinem Platz auf und laufe zum Busfahrer, weil ich ihn bitten möchte, mich zu einem ganz bestimmten Ort zu bringen.

Er ist ein crazy Typ, sehr herzlich, ohne Orientierungssinn – oft die falschen Stationen ansteuernd – fährt er die bunte Meute laut vor sich hin singend von einem zum nächsten Ort, mit einem Lächeln im Gesicht wartet er, bis der Letzte umgestiegen ist –

startet und fährt mit einem Zwinkern wieder los.

Ich flüstere ihm zu, dass er mich an den Ort bringen soll, wo die Poesie die Kunst küsst ...

Da ich daran glaube, dass die beiden eine Liebelei haben und dass dadurch so viel Schönes auf diese Welt kommt, was allem einen tieferen Sinn gibt und das Einzigartige zum Leben erweckt.

Gerade von dem Einzigartigen brauchen wir mehr.

Denn manchmal habe ich das Gefühl, der liebe Gott legt die langweiligsten Menschen auf den Kopierer und drückt auf 1000-mal, um den Teufel zu ärgern.

So laufen meine Gedanken weiter, bis ich meinen Busfahrer leicht verwirrt antworten höre: „Weißt du nicht, dass die Kunst kein Zuhause hat und die Poesie eine Straßenmusikerin ist? Sie sind ewige Touristen, sie leben in den

Menschen, die sich von ihnen beseelen lassen. Dort treiben sie ihren kreativen Schabernack, lassen die Funken fliegen und beflügeln diese Menschen in ihrer ganzen Art, neue Schöpfungen entstehen zu lassen, von wundervoller Genialität bis hin zu irrsinnigem Unsinn.

Doch am Ende ist alles Kunst, von der Poesie geküsst."

Ich stehe immer noch staunend vor ihm ...

Wie soll ich denn an diesen Ort kommen, wenn er mich nicht hinbringen kann, fragt sich mein Kopf traurig im Inneren.

Da setzt er seine Rede fort: „Wer wohnt eigentlich da in deinem Herzen? Ist es nicht das Kind von Poesie und Kunst? Du trägst es mit dir herum als ‚blinden Passagier', der viel mehr Aufmerksamkeit verdient, als du ihm gibst?"

Ich bin perplex, so viel Einfühlungsvermögen hätte ich ihm gar nicht zugetraut.

Ich hatte gar nicht gemerkt, dass er auch tiefgründig sein kann ...

Und doch hätte ich es wissen können, da er mich doch schon seit so vielen Jahren durch mein Leben fährt.

Woher weiß er, dass da wer in meinem Herzen wohnt, genau da mittendrin, wo es die ganze Zeit klopft, wenn ich es doch selbst gerade erst entdecke?

Obwohl nur mein Kopf diese Frage formuliert und meine Lippen dazu schweigen, fängt er an zu antworten:

„Man kann es am Leuchten deiner Augen sehen und an deinem fragend suchenden Herzen erkennen."

Und mit einem Mal wird mir klar, dass er mehr ist als nur der Busfahrer, für den ich ihn all die Jahre hielt.

Er ist mein Schutzengel, nur ich habe es die ganze Zeit nicht erkannt.

Leise fährt er fort: „Wenn du die beiden finden willst, musst du sie auf den Bildern suchen, die dein inneres Kind als ‚blinder Passagier' in deinem Herzen malt. Und du wirst erkennen, wie viel von allem in dir lebt ...

Da du dein inneres Kind in deinem Herzen mit dir herumträgst, ist die Poesie

der Kunst in dir. Verlass dich auf dein Gefühl, geh nach innen und entdecke dich. Gib dir endlich selbst die Aufmerksamkeit, die du brauchst, um die dir anerzogenen Glaubenssätze und Erziehungsmuster ablegen zu können.

Lösch alle Sätze von der Festplatte deiner Seele, die dich einengen und nicht du selbst sein lassen. Durchbrich den Käfig der konditionierten Befangenheit, dich auf dieser Welt anpassen zu müssen, und erlebe die Freiheit des Geistes, wie sie nur durch die Kunst der Poesie geschenkt werden kann!"

Ich fange an und radiere alles aus, was in meinem Leben keinen Platz besitzt und mir die Freiheit und die Luft zum Atmen nimmt. So kann ich wieder fliegen ohne Fallschirm, kann fallen und nichts bereuen.

Ich habe sie getroffen, die Quelle aller Genialität, aller Verrücktheit, aller schönen Dinge …

Ich spüre in mich hinein und begreife das erste Mal in meinem Leben, dass die Poesie der Kunst ein Gefühl ist.

Ein großartiges Gefühl!

Besondere Menschen kommen mit diesem Gefühl zur Welt, doch sie sind sehr selten. Ihre Seelen sind sehr alt, unendlich liebevoll und filigran.

Diese Menschen sind es, die den Zauber der Phantasie auf der Welt aufrechterhalten können und das Alltagsgrau zum Leuchten bringen.

Mein busfahrender Schutzengel lächelt mich an:

„Ja, genauso ist es, jetzt hast du es verstanden.

Es ist der kleine ‚blinde Passagier' in deinem Herzen, der die Macht hat, deine Welt zu ändern und dich zu beseelen."

Plötzlich merke ich, wie sein Lächeln auch von mir Besitz ergreift.

Es breitet sich als angenehmes Kribbeln in meiner Brust aus, und ein warmes, wohliges, glückliches Bauchgefühl macht sich auf, meinen Körper zu erobern, und ich verstehe, dass die Poesie der Kunst wirklich ein Gefühl ist.

Es hat die Macht, einen Menschen zu beseelen, aber es weiß auch, dass es von Rationalisten nie Besitz ergreifen wird.

Ganz langsam gehe ich zu meinem Platz zurück und merke, wie dieses unbeschreiblich schöne Gefühl mich in Besitz nimmt und mit mir spielt … Es überflutet mich und lässt meine Sinne wachsen.
Als Erstes erwachen …

K - reativität
U - nbändige
N - eugierde
S - ensibilität
T - emperament

Die Gefühle fangen an, die Schleier des Alltäglichen zur Seite zu ziehen, und machen Platz für die Weite des Himmels:

P - hantasie
O - ptimismus
E - infallsreichtum
S - chabernack
I - nspiration
E - igenleben

Sie alle fallen in meinen Geist ein und bringen meine Seele zum Leuchten. Ich bin froh, dass ich durch den Dschungel der Empfindungen in mir den rettenden Notausgang gefunden habe.
Ich sehe mein inneres Kind, das seinen Weg erst beginnt.
Ich bin bereit für meine eigene Unzulänglichkeit,
die ein Feuer entfacht und alles möglich macht.
Und so verstehe ich, was durch den gemeinsamen Tanz von Poesie und Kunst entstehen kann:
„Die Dinge zu kombinieren und so ganz neue ‚Wesen' der Schöpfung zu kreieren."

AN DAS KÜNSTLERKIND DER POESIE IN MEINEM HERZEN:

Mehr als nur ein blinder Passagier
bist du einfach hier ...
und erzählst mir
von der Kunst, ein Künstlerkind zu sein.
Von irrwitzigen Ideen besoffen,
für jegliche Kreativität weit offen.
Vom Einfallsreichtum betrunken,
in sich selbst versunken.
Immer sprühen, glühen, brennen,
sich im Ideenreichtum verrennen.
Ständig etwas Neues wagen
und im Innern nie verzagen,
verstehen, dass man anders ist,
auch wenn die Welt das gern vergisst.
KUNST hat ihren eignen Weg,
auf dem sie mit der Poesie durchgeht.

All diese Eindrücke schwimmen von jetzt an in meinem Blut,
machen einen Sprung von der Kunst zur Poesie,
um danach eine Runde Ideenkarussell zu fahren,
sie nehmen die Rutschbahn in meinen Bauch
und streicheln unterwegs noch mein Herz.
So entgleist mein im Grunde so artiges, gut erzogenes ICH
und kommt ab vom Weg der langweiligen Vernunft in Richtung der
wunderbaren Möglichkeiten des Seins,
und genau dort werde ich in Gedichten weiter nach mir suchen.

KOMM MIT UND SUCH AUCH DU NACH DIR.

Ich bin mir sicher, Du wirst sehr viele von Deinen Geistern in diesem Buch
finden ...
Und schön wäre es doch, endlich ihre vollständigen Namen kennenlernen zu
dürfen.

FREUDENTANZ MEINES

HERZENS

So unterwegs auf der Lebensreise braucht man einen guten Ratgeber, einen Freund. Einen, der immer da ist und dessen Unterstützung man im tiefsten Inneren spürt, so dass die Seele lächeln kann.

Viele suchen diesen Freund oder Partner im Außen, in einem anderen Menschen ...

Doch das, was wir uns selbst nicht sein können, das kann auch kein anderer Mensch uns geben.

Wir spiegeln unser Innerstes nach außen, wir sind wie Magneten und ziehen auch immer nur das an, was in uns tief verborgen liegt.

Wie im Innen so im Außen, und aus diesem Grunde ist es wichtig, diesen „Freund" in sich selbst zu suchen und zu finden.

Viele sehen diesen EINEN in ihrem Kopf, der mit seinem Verstand für sie die ausgeklügeltsten Überlegungen und detailliertesten Pläne anstellt.

Doch leider ist dieser liebe Verstand ein Kopfmensch und somit viel zu rational bei seiner Arbeit, er möchte am liebsten alles frei von jeglichem Risiko halten und ist sehr auf Sicherheit und Eigennutz bedacht.

Diese Menschen merken oft nicht, dass ihre Perfektion sie vom Glücklichsein abhält und das Streben nach Fehlerlosigkeit zur Sucht werden kann,

so dass man sich in seinem eigenen Käfig der angestrebten Vollkommenheit einsperrt!

Denn Perfektionismus kennt kein Innehalten, sondern nur die Sucht nach immer neuen Hürden und ist das Kind von Unzufriedenheit und Missmut.
Diese Menschen meckern vor sich hin, ohne zu erkennen, dass Meckern nichts bringt, es ist wie Gas geben im Leerlauf ...
Laut, aber ohne Erfolg.

Natürlich gibt es auch jene, die auf die Spontanität ihres Bauches vertrauen und auf das damit verbundene Bauchgefühl, doch dieses verhält sich sehr ähnlich, nur umgekehrt ... oft gleicht es einem Strohfeuer und hat bei näherem, tieferem Hinschauen keinen Bestand. Es ist zu impulsiv und irrational und will nur eine schnelle Erfüllung des jeweiligen Wunsches, ohne jegliche Prüfung, was die Erfüllung für den eigentlichen Lebensweg bedeuten würde.

Dem Bauchgefühl ist nicht bekannt, dass man für die Erfüllung eines jeden starken Wunsches einen Preis zu zahlen hat und dass oft der höchste Preis darin bestehen kann, dass der Wunsch in Erfüllung geht.
Es geht ihm meist um den Eigennutz, und wenn es diesen nicht erfüllt bekommt, dann schlägt ihm das gewaltig auf den Magen.

Der liebe Bauch, er ist gierig und möchte immer schnell satt sein, denn nur so fühlt er sich wohl, wenn er seine Wünsche befriedigt bekommt.
Denn genau wie bei Hunger werden manche Menschen unruhig und ein bisschen böse, wenn der vom Bauch erfundene Wunsch oder das ausgedachte Bedürfnis nicht schnell genug erfüllt wird.

So gibt es diese beiden Berater von uns, die es immer wieder schaffen, in unserem Inneren für die größte Unruhe zu sorgen, und so leben diese beiden Gegenspieler in einem jeden von uns.

Es ist der Kopf, in dem der Verstand haust, und es ist der Bauch mit seinen Brauseschmetterlingen – sie schaffen es, sich unaufhörlich zu streiten, und jeder meint, es besser zu wissen.

Sie gleichen zwei kleinen Kindern, die sich um des lieben Rechthabens willen streiten, ohne nach der Sinnhaftigkeit oder dem höheren Zweck zu fragen. Die eigene Seele können sie in den Wahnsinn treiben, gäbe es da nicht noch den einen in uns, auf den immer Verlass ist, denjenigen in uns, der am selbstlosesten ist und für alle sorgt, ohne nur an sich zu denken, ohne den nichts funktioniert und der alles zusammen- und am Leben hält.

Es ist unser Herz, das da unaufhörlich schlägt und alle Organe versorgt, es ist unser Herz, in dem das ganze Gefühl der Liebe und Sehnsucht wohnt, es ist unser Herz, das der Seele eine Heimat gibt.

Und es ist auch unser Herz, was prüft und zwischen Kopf und Bauch vermittelt. Es ist der Mentor unserer Gefühlswelt, es hindert den Kopf daran, zu rational zu sein, und den Bauch bewahrt es vor voreiligen Entschlüssen. Es lässt uns gütig sein und Mitgefühl haben. Es nimmt die Seele in den Arm und tröstet sie, wenn der Weg mal holprig wird.
Es hält den größten Schmerz und tiefsten Kummer für uns aus und schlägt trotz alldem unaufhörlich weiter, weil es die andern, die in uns wohnen, nicht im Stich lässt. Denn wenn es aufhören würde zu schlagen, dann bezahlten alle das mit ihrem Leben.

Das liebe Herz ist frei von unserem Ego, und so ist es unser wahres selbstloses Selbst.

Es kennt kein Siegen- und Gewinnenwollen, es ist frei von Neid, Hass und Missgunst.

Es ist wahrhaftig und rein.

Auch im ärgsten Leid hält es einfach aus ... es ist sehr stark und steht der Seele zur Seite. Doch darf man nie vergessen, auch wenn es unendlich stark scheint, kann es zerbrechen, und dass wir uns eigentlich viel zu wenig um unser Herz kümmern, gerade weil es so stark scheint und einfach seinen Dienst verrichtet.

Wir nehmen es viel zu sehr als Selbstverständlichkeit hin, dass es da etwas in uns gibt, was alles regelt, uns unterstützt und nicht alleine lässt.

Während das Herz selbstlos in uns arbeitet, übt der Kopf das Ego und lässt es wachsen, auf dass es alles hinterfragt und nichts vollbringen mag, ohne eine Gegenleistung zu erwarten.

Doch das Herz maßregelt den Kopf nicht, es lässt ihn gewähren, bis der Mensch denkt, er und sein Ego wären eins. Er wäre das Ego, und er, der Mensch, der sich ICH nennt, sieht das Herz nur als Dienstleister, den er noch nicht einmal besonders gut behandeln möchte.

Diese Erwartungshaltung übernimmt der Bauch als ein ständig wachsendes Bauchgefühl. Das in uns wohnt und spontan entscheidet, was gerade gebraucht wird vom Ego ... und in dieser ganzen Zeit schlägt das Herz selbstlos vor sich hin.

Es schlägt und kümmert sich im Hintergrund um alle, die im Vordergrund spinnen, als wären sie von Sinnen.

Es ist immer da, und Geduld ist seine erste Tugend.

Wie wichtig ist es dann doch, wenn man sich dies alles so vor Augen hält, mehr in sich hineinzuhören und achtsam zu sein für die Dinge, die es einem zu sagen hat, das liebe Herz, für die Dinge, die wirklich wichtig sind im Leben und die man nicht mit Geld kaufen kann.

Es ist sehr bedeutend innezuhalten und sich auf der Reise nicht nur zu fragen, wer man eigentlich ist, sondern was man eigentlich von dieser Lebensreise möchte und mit wem man sie wie verbringen will.
Zu erkennen, dass die Kraft der Emotion, die man Liebe nennt, einem mehr geben kann und wird, als alle anderen materiellen Gegenstände dieser Welt, ist ein Geschenk.

Es gibt keine versteinerten Herzen, es gibt nur Kopfmenschen, die ihrem Verstand jegliche Macht zusprechen und ihr Bauchgefühl vergiften. Bis es wie betäubt in ihnen ist und sich anfühlt, als wäre eine riesige Leere im Inneren des Menschen.
Die Herzen dieser Menschen sitzen in Käfigen, die aus Gitterstäben ihrer eigenen Gefühle bestehen. Und so glauben sie, von nichts aus der Bahn geworfen werden zu können, ohne zu wissen, dass sich unter ihnen Eis befindet.
Sie haben alle Emotionen von sich abgespalten, so als würden sie gar nicht zu ihrem Leben dazugehören, so als gäbe es sie nicht.
Doch ohne Empfindungen wird man nie den eigenen Lebensweg erkennen können, sondern nur das Eis des langsam erfrierenden Herzens in der Seele spüren.
Aus diesem Grunde gibt es Menschen, die es schaffen, sehr reich und ausgesprochen schön, innerlich schrecklich zu verkümmern und an einer einsamen Seele zu leiden.

Und es gibt Menschen, die haben den Reichtum des Herzens und Lachfalten aus lauter Glück.

Wer von beiden wird das schönere Leben haben?

Mit welchen Menschen möchte man seine Lebensreise teilen? Welche erfüllen einen mit Freude und welche schaffen es, einen zum Lachen zu bringen?

Worin besteht das Ziel der Reise?

Doch letztendlich darin, das Glück in der eigenen Seele zu finden und es bei seinem Namen nennen zu können, damit es auch kommt, wenn man nach ihm ruft.

Es hat einen ganz einfachen Namen, es heißt: **Zufriedenheit.**

Z - eitlos

U - nbekümmert

F - arbenfroh

R - egenbogen

I - ntuition

E - ngel

D - ankbarkeit

E - ntfalten

N - ähe

H - armonie

E - ntzückt

I - dyllisch

T - reue

Denn nur wenn man **zeitlos** und **unbekümmert** den **farbenfrohen Regenbogen** der eignen Seele erkennen kann, hat man genügend **Intuition**, für seinen **Engel Dankbarkeit** zu **entfalten** und die **Nähe** der **Harmonie** des eigenen Geistes in sich zu spüren, um **entzückt** ganz **idyllisch** die **Treue** zu sich selbst zu genießen.

Dann fängt es plötzlich an, sich im Inneren einfach nur warm anzufühlen, wenn die eigenen Geschichten ihre Dramatik verloren haben und der Kopf endlich aufgeben kann, die Kontrolle über den Bauch zu wollen. Dann können Herz und Seele zusammenfinden und ausgelassen tanzen und werden sich nicht mehr darum scheren, was der Rest der Welt dazu sagt.

Aus diesem Grund möchte ich zum nun bevorstehenden Tanz der Poesie von Herz und Seele einladen.

KOMM UND TANZ MIT MIR ...

Ich freue mich, mit Deinem Herzen durch mein Gedicht zu tanzen, auf dass dieser unser Tagtraum nie enden mag.

SEELENTANZ DER HERZENSPOESIE

Wenn die Poesie anfängt zu leben,
dann beginnen Herz und Seele zu schweben.
Sie bewegen sich zueinander im schönsten Tanz.
Denn nur die Vorstellungskraft alleine kann's
in das Feld der Möglichkeiten geben,
wo alles erwacht zu dem schönsten Leben.
Denk daran:
Irgendwo wird immer getanzt,
und es wäre doch zu schade,
diese Zeit zu versäumen.
Erwache und lebe in deinen Träumen,
sonst ist deine Seele gefangen in Räumen der Traurigkeit.
Es wäre viel zu schade, auf ein Glück zu verzichten,
denn dein Leben braucht sie,
die schönsten Geschichten.
Ohne zu viel Ego und Melancholie,
denn das bekommt dem Leben nie.
Auf die Frage nach dem Wie,
denke immer an die Poesie,
denk an Lachen,
Freude und Glückseligkeit und sei immer für einen Witz bereit.
So gibt es keinen Streit, und Herz und Seele sind zu zweit
für allen Schabernack bereit, der sich fröhlich Leben nennt und
im Inneren der Seele brennt.

WUNDERLAND MEINER PHANTASIE

Je mehr ich mich auf meiner Lebensreise in meinem tiefsten Inneren verlaufe, umso mehr komme ich in mein eigenes Wunderland.
Ich erkenne, dass alle Gedanken am Ende nur Gefühle sind
und dass Gefühle das sind, was wir Leben nennen.

Ich beobachte meine Gedanken beim Leben, wie sie zwischen der Vorstellungskraft und der Willenskraft schweben.
Wie sie meine Gefühle machen und verschiedene Feuer in mir entfachen.
Ich habe gemerkt, dass alles, was man über die Kraft des Willens vollbringt, einen auf Dauer ziemlich müde macht, weil der pure Wille dem Selbst zu viel Mühe macht.

Und so bin ich maßlos glücklich darüber, erkannt zu haben,
dass alles, was man sich vorstellen kann, auch existieren wird.
Der Schlüssel liegt im Gefühl der Vorstellungskraft und somit der Emotion des Moments.
Die Vergangenheit ist sowas von vergangen, dass sie, egal was wir tun,
nicht wiederkommen wird, und die Zukunft ist eine Melodie, die wir weder sehen noch greifen können.

Doch gerade diese beiden – Vergangenheit & Zukunft – halten uns so oft von dem ab, was das Leben wirklich ausmacht.

Das Glücklichsein im HIER und JETZT.
Die Zufriedenheit mit dem, was ist, und die Akzeptanz, aus allem das BESTE zu machen.

Warum leben wir nicht mehr für den Moment und im Augenblick?
Warum können wir nicht genießen, was uns die Gegenwart bietet,
und hängen der Vergangenheit nach?
Warum freuen oder fürchten wir die Zukunft und sehen nicht die Möglichkeiten des Moments?
Warum fangen wir das Glück, wenn es in uns tanzt, nicht ein und drücken auf Dauerrepeat?

Alle Gefühle, die unser Selbst (das ICH), und Ich das EGO nennen,
sind hausgemacht.
Egal wie gut oder wie schlecht es einem geht, es ist immer unsere Sichtweise auf die Dinge, die diese Gefühle verursacht.

Es können noch so wundervolle Dinge geschehen,
wenn unser Ego gerade in der Bock- oder Trauerphase ist, werden wir diese nicht erkennen können und traurig oder verwackelt sein, weil unsere Gedanken finsteren Mustern nachlaufen, anstatt sich an der Fröhlichkeit zu betrinken.

Doch es können auch Dinge geschehen, die unsere Seele traurig machen,
aber unser Ego ist positiv gelaunt und sucht nach dem Schönen,
will das Negative nicht sehen, ändert die Sichtweise und somit das Gefühl des eigenen Selbst.

So dass es vielleicht sogar Dank empfinden kann – unser Ego –
für das Geschehene, da ihm die Augen geöffnet wurden, und so sind da nur
schöne Gefühle ... obwohl Trauriges passierte.

Es ist also immer unsere Sichtweise auf die Dinge, die unsere Laune macht,
es sind nicht die Dinge und Umstände, die die Sichtweise hervorbringen,
sondern die Einstellung unseres Egos, was es daraus zu machen gedenkt.

Da mein Ego lachen, tanzen und träumen liebt, hat es sich auf seine
unsichtbare Fahne geschrieben, dass jeder Tag eine Reise ins Wunderland
werden soll.

Das bedeutet, dass ich die Schönheit in allen Dingen sehen möchte
und die Chancen, die gerade in unschönen Situationen liegen,
um so alle Möglichkeiten des „Spiels des Lebens" zu nutzen!

Die eigentlich großen Wunder liegen in den kleinen Dingen
und im Zauber des Augenblicks.
Lass uns uns auf Glücklichsein programmieren,
indem wir uns über die schönen Dinge freuen
und allem Negativen versuchen keine Beachtung
und somit Energie zu schenken,
da die Energie unserer Aufmerksamkeit folgt.
Und da, wo unsere Aufmerksamkeit ist, sind unsere Gedanken,
und da, wo unsere Gedanken sind, sind unsere Gefühle und Emotionen.

Schönheit, Freude, Positivität, Lachen sind magnetisch,
je mehr wir von ihnen empfinden,
desto mehr von ihnen ziehen wir auch an.

Es ist also die Freude, die,

wenn sie in uns Heimat gefunden hat,

ihren Freunden der Positivität die Türe öffnet,

damit immer mehr Schönes in unser Leben gelangen kann,

und alles, was wir dafür tun müssen, ist,

das Gute zu verstärken

und dem Negativen keine Aufmerksamkeit zu schenken,

so kommt das Glück von ganz allein.

Auf diese Weise werden wir unser eigenes Wunderland finden.

Einen Ort tief in uns drin,

wo immer die Sonne scheint,

im Süden unseres Herzens.

Wenn man vom Positiven ausgeht und annimmt,

es wäre schon geschehen und zur Realität geworden,

so, wie man es sich gewünscht hat,

wird man erfüllt von einem wunderschönen Gefühl der Dankbarkeit;

dieses Gefühl gilt es am Leben zu erhalten.

Und genauso wie sich dieses positive Gefühl in uns ausbreitet,

genauso verschönert sich unser Leben von Tag zu Tag mit jeder Stunde,

wo wir das Lachen der Welt empfinden und das Glück in unserem

Inneren Purzelbäume schlägt.

Denn dieses **Wunderland** da in mir drin, das gibt allem einen Sinn!

W - ahnsinn
U - mwerfend
N - euland
D - asein
E - igenleben
R - egenbogen
L - agerfeuerromantik
A - benteuer
N - arretei
D - azugehören

Wenn man mit genügend **Wahnsinn** und einer Intuition, die **umwerfend** ist, ausgestattet wurde, findet man das **Neuland** in seinem **Dasein**.
Das **Eigenleben** wird zum eigenen Leben mit **Regenbogen** und **Lagerfeuerromantik**.
So kehrt das **Abenteuer** der **Narretei** ein und man darf endlich **dazugehören** zum Glück.

Zu wissen, dass man das Leben und die Gefühle selbst in der Hand hat,
das verleiht einem Flügel,
so dass im Inneren die Ideen einfallen und man alles, was man möchte,
auch selbst erträumen und somit erreichen kann.
Denn wie sagt man so schön: „Man kann sein, was man möchte,
wenn man ist, wie man will, und weiß, dass das Wunderland tief in einem
schläft, man muss es nur wecken!"

Komm mit und erlebe den Wahnsinn meiner verrückten Poesie, lass uns das
Wunderland finden!

ODE AN MEIN WUNDERLAND!

Weißt Du, wo die Glücke wohnen?
Und der Frohsinn schallend lacht?
Da, wo tausend Freuden toben,
und das morgens schon um acht?
Wo das Land in meinem Herzen,
keine Grenzen ziehen mag.
Wo das Leuchten in den Augen
flackert auch am lichten Tag!
Da, wo meine Geister tanzen,
freudestrahlend Ringelrein.
Da, wo meine Muse purzelt
in dem hellen Sonnenschein.
Dort, wo mein Lachen niemals enden mag,
dort, wo meine Seele Danke sagt.
Wo alle Begeisterung voll Behagen
die Belustigung verführt.
Da, wo große Träume wagen,
Sorgen wie Seifenblasen zu zerschlagen.
Da so tief, wo es in mir schlief, habe ich es erkannt:
MEIN WUNDERLAND!

Ich freue mich sehr, Dich mitnehmen zu dürfen in dieses wundervolle Land. Lass Dich von Deiner Seele verzücken. Sie zeigt Dir den Weg zum Raum aller Möglichkeiten, dann hast Du nur noch die Qual der Wahl, für welches Glückswunder Du Dich entscheidest!

KOMM UND LASS UNS FRÖHLICH SEIN
IM HELLEN WUNDERSONNENSCHEIN!

GLÜCKSFREUDE MEINER

WORTWUNDERWELT

Was darf auf keiner Reise fehlen?

Was sollte nie ausgehen?

Was möchte man immer im Gepäck haben?

Es ist das Glück!

Es ist die Freude!

Glück und Freude kann man nicht kaufen,

Glück und Freude kann man nur empfinden.

Sie werden größer, je mehr man sie mit anderen teilt.

Die Empfindung ist ein Gefühl, das im Inneren von uns lebt.

Es wird von der Freude getragen, vom Gefühl, dazuzugehören, sich nicht getrennt zu fühlen, sondern komplett, vereint und verstanden.

Es ernährt sich von der Energie, die wir ihm geben.

Die Art und Weise, wie wir unserer Aufmerksamkeit Energie schenken, entscheidet darüber, ob wir Glück oder Traurigkeit empfinden.

Wie wichtig ist es da, sich der sonnigen Seite des Lebens zu widmen, damit die richtigen Empfindungen einziehen können.

Offen zu sein dafür, die Schönheit des Lebens in jeder Sekunde seiner Erdenreise zu erkennen, denn nur so kann man diese beiden wundervollen Lebensbegleiter, die Glück und Freude heißen, sein Eigen nennen.

Es ist ein großes Geschenk, Glück und Freude auch dort noch zu erkennen, wo die meisten Menschen nur Alltagsgrau und Trübsinnsdunkel sehen, es ist eines der größten Geschenke überhaupt, denn ein freudiges Gemüt ist mit Geld nicht zu bezahlen und besitzt die Macht, alles in seinen Bann zu ziehen.

Schöne Gefühle gleichen einem wundervollen Sonnenstrahl.

Die Kunst des eigenen Empfindens liegt darin, offen und empfänglich für das Schöne im Leben zu sein.

Auch wenn man im Winter friert, da man nicht die direkte Energie der Sonne spüren kann, so ist sie doch da, die Energie unseres großen, warmen, hellen Himmelskörpers.

Auch nachts, wenn es dunkel ist, hat die Sonne nicht aufgehört zu scheinen, sie hat ihr Strahlen noch nicht einmal unterbrochen, lediglich hat die Erde sich gedreht und damit hat sich unser Blickwinkel verschoben.

Es ist also immer unsere Sicht auf die Dinge, die die Dinge zu dem macht, was sie sind.

Und so ist es im Leben auch mit Glück und Freude ... man kann sie nicht immer sehen, aber dennoch sind sie da.

Man muss an sie glauben, sie suchen, dann wird man sie finden! Zuerst in kleinen Dingen, wie einem Lachen, einer Blume, einem lieben Blick und je mehr man danach sucht, umso mehr findet man.

Das Glück und die Freude fangen an zu wachsen und werden mehr und mehr.

Du darfst nur niemals aufhören zu suchen und daran zu glauben.

Denn alles, an was Du glaubst, hat eine unendliche Macht über Dein Leben.

Alles, an was Du glaubst, füllst Du selbst mit Energie aus und erweckst es dadurch zum Leben.

So hat in unserem Leben immer das Macht über unser Sein, was wir selbst mit Energie befüllen und ihm dadurch Flügel schenken.

In Dir allein, in Deiner Seele, dort leuchten sie, die Glücks-Freudensterne, und warten nur darauf, dass Du sie erkennst.

Denn die Frage, die es sich zu stellen gilt, ist: Leben oder nicht leben?

Die entscheidende große Frage kommt vor der allerletzten Tür.

Wenn Gabriel fragt: Himmel oder Hölle, wofür warst Du hier?

Wir selbst ziehen alles in unser Leben und sind uns doch so oft gar nicht dessen bewusst, was wir tun, denn sonst könnte man die Menschen viel mehr lachen hören und der Humor wäre ständiger Gast in allen Lebenslagen. Befüllen wir den Frohsinn und die Freude mit Energie, dann kommen diese beiden mit Spaß und Glück in unser Leben. Geben wir hingegen den unschönen Dingen unsere Kraft und füttern wir unsere Probleme, dürfen wir uns auch nicht wundern, wenn diese zu wachsen beginnen, denn schließlich haben wir sie doch selbst mit unserem Herzblut gedüngt.

Aus diesem Grunde ist es so unendlich wichtig, die eigene Lebensreise immer aus einem sonnigen Blickwinkel heraus zu betrachten.

So kann das Vergnügen Einzug halten und dem Spiel des Lebens das schöne Sonnenwetter verleihen.

Ich frage mich manchmal, warum so viele Menschen sich mit Absicht auf die Gewitterwolken des Lebens stürzen, sie mit der eigenen Kraft ihrer negativen Leidenschaft aufladen und dann verwundert sind, wenn es anfängt zu regnen und die ersten Blitze zucken.

Sie scheinen nicht zu bemerken, dass sie es sind, die ganz alleine entscheiden können, wie die eigene Emotion das Leben weiter gestalten wird.

40

Aus diesem Grund lasst uns anfangen, in allem das Schöne zu erkennen, das Schnurrhaar des Positiven auch unter einem Berg von Problemen zu finden und zu schauen, wo es sich versteckt hat, das große Glück.

Denn wenn man ein Schnurrhaar erkennen kann, dann gibt es auch noch einen dicken, fetten Freudenglücksrest.

Halte Dich niemals nur an der Traurigkeit und Schwermut des Lebens fest, sie sind wie ein großer Ozean und ziehen Dich mit ihrer Sogwirkung in ihre Tiefe. Verinnerliche Dir die Gewissheit, dass unsere Träume sich nur dann erfüllen können, wenn wir die innere Bereitschaft dazu haben, an ihre Erfüllbarkeit zu glauben. Denn aus unserem Glauben entsteht die Kraft der Magie, die alles in unser Leben zaubern kann.

Sei ehrlich zu Dir selbst, dann weißt Du, es sind im Grunde nie unsere Erfahrungen, die uns zu dem Menschen machen, der wir sind. Sondern es ist das, was wir aus unseren Erfahrungen machen.

Erkenne, wo sie sind, die Geschenke Deines Lebens. Denn alles, was aus freien Stücken zu Dir kommt, ist das, was wirklich zählt im Leben, das, was wertvoll ist, und das, was zu Dir gehört.

Wenn die Wassermassen der Tränentraurigkeit über Dir zusammenfließen, wird das leichte Atmen immer schwerer, Du kannst die Oberfläche nicht mehr erkennen, kannst gar nicht glauben, dass es dort oben eine Sonne gibt. Doch es gibt sie, sie scheint, und sie scheint auch für Dich, Du musst nur bereit dazu sein. Befreie Dich von der Schwermut der Traurigkeit und lass Dich von der Leichtigkeit der Freude nach oben tragen, dahin, wo Du wieder leicht und frei atmen kannst, und der weitere Weg Deines Lebens liegt in Deinen eigenen Händen.

Glücklich zu sein bedeutet auch, mutig zu sein, bedeutet, keine Angst zu haben, die eigene Verletzlichkeit zu zeigen. Mut bedeutet, sich nicht zu schämen, sondern sich und seinen Wünschen selbst treu zu sein.

Lerne, Dich selbst zu erkennen, damit Du Dich nicht hintergehst, nicht übergehst und nicht vergisst.
Um Dich zu erkennen, musst Du in Dich hineinhorchen, Dein Inneres spüren.
Du musst aus Deiner äußeren Welt gehen, um Deine innere Welt finden zu können, damit Du letztendlich in der äußeren Welt ohne Sorgen bestehen kannst.
So wirst Du lernen, in allen Situationen die Möglichkeiten zu erkennen, die sich Dir als Lebenschance vorstellen, und die Bereitschaft entwickeln, auch ein Risiko einzugehen, denn große Wunder haben nicht viel Geduld, man muss sie beherzt an den Händen fassen, sonst suchen sie sich einen anderen, der bereit ist, mit ihrer Zauberkraft die Träume des Lebens zur Realität zu erwecken.

So oft halten wir an gewohnten Dingen fest, die uns eigentlich nur noch traurig machen und den Weg versperren, wir mästen sie sogar, unsere Probleme, indem sich unser Kopfkino nur noch diesen einen Problemfilm in Dauerschleife gönnt und dadurch unsere ganze Tatkraft und Aufmerksamkeit schluckt.

Wir sollten vielmehr in uns hineinspüren und sie fühlen, die Impulse, einen Neustart zu wagen, unseren Illusionen die Selbsttäuschung zu nehmen und so groß zu träumen, dass die Träume die Realität begeistern, so dass sie nicht mehr anders kann, als unser Wunschdenken zur Wirklichkeit werden zu lassen.

Suche nach Dir und entdecke Dich in Dir, solange Du am Leben bist.

Denn nichts ist auf Dauer in diesem Deinem befristeten Leben, doch Du bist der Künstler, der es zeichnet, Du allein gibst Deinem Leben die Farben.

Also wähle ein Regenbogenkunterbunt mit Einhornglitzer, sieh in jedem neuen Tag die einzigartige Möglichkeit, Dir selbst zu begegnen, um bei Dir zu bleiben.

Jetzt ist genau der richtige Augenblick dafür, es ist nie der Moment, der vergangen ist.

Lass niemals zu, dass Deine Vergangenheit versucht, Deine Gegenwart zu verfälschen, lass sie vergangen sein.

Und der Augenblick wird auch nie der sein, der kommen wird ... er liegt nie in der Zukunft.

Das Geheimnis liegt immer im Jetzt.

Also handle, wenn nicht jetzt, wann dann? Wenn nicht hier, wo dann?

Fang AN!

Denk daran, Dein Herz schaut in keinen Kalender.

Vertrau Deinen Gefühlen, Deiner Intuition, schau durch die Augen Deiner Seele und Deines Herzens, so wirst Du in allem die Wahrheit erkennen.

Suche nicht nach Menschen, die Dir als Wegweiser dienen sollen, sei sicher, dass Deine Seele den Weg von selbst findet, wenn Du ihr nur Vertrauen schenkst.

Und so soll sie in uns leben, die Freude des Glücks, und unsere ganz eigene Glücksfreude kreieren.

So dass es strahlt in uns, das: **Freudenglück!**

F - lausen
R - omantisch
E - nergie
U - nbeschwertheit
D - ankbarkeit
E - ntzückt
N - eu
G - eschenk
L - achen
Ü - berraschung
C - hance
K – ompliment

Wenn man die **Flausen** in seinem Kopf kennenlernt und zu verstehen beginnt, wie **romantisch** es ist, die **Energie** zu spüren in ihrer vollen **Unbeschwertheit**, dann kann die **Dankbarkeit** einziehen.

So fühlt man sich **entzückt**, dieses **neue Geschenk** des **Lachens** und der damit verbundenen **Überraschung** zu erleben, die in allem eine **Chance** sieht.

Wenn diese Erkenntnis kein großes **Kompliment** an das Leben wert ist, dann weiß ich es auch nicht.

Mit dieser inneren Sicherheit, dass die Freude in einem selbst wohnt, kann man sich jedem Sturm des Lebens stellen und eine kleine Windböe daraus zaubern. Also fang an, gegen den Strom zu schwimmen, verzaubere Dich selbst, auf dass Du die Welt verzaubern kannst.

Denn wer in sich zu Hause ist, wird die Glücksfreude überall finden.

Da sie in ihm wohnt und von dort hinaus in die Welt zieht, wo die Seele lacht.

44

GLÜCKSFREUDE IN MIR

Du Glücksfreude in mir,
Du Freudenglück im Jetzt und Hier.
Du bist
die Energie, die mich zum Lachen bringt,
die Freude, die da in mir singt,
auf dass mein Herz so herrlich springt.
Ich liebe,
das Schöne überall zu sehen,
es wird hoffentlich nie mehr vergehen.
Mein Glaube an das Gute nur,
bestätigt mir die richtge Tour.
So lauf ich stur
das Wunder sehend
und alle Flausen in mir drehend
in die Richtung, wo die Sonne immer scheint,
im Hochgefühl der Welt vereint.
Du Wundertraum,
da in mir drin.
Du bist mein großer Hauptgewinn.

Ich wünsche mir sehr, dass Du all diese Freudenglücke, von denen ich Dir erzählt habe, in Dir finden wirst.
Auf dass sie zur Glücksfreude Deines Lebens werden können.

KOMM MIT INS ABENTEUERLAND DER PHANTASIE

UND ENTDECKE DIE WUNDER IN DIR ...

LÄSTERZIRKUS MEINES

WUTKRAWALLS

So mittendrin in unserem Leben, unterwegs auf der Reise, kennt sie doch jeder, die kleinen Scharmützel unseres Seins.

Auch wenn man es nicht darauf anlegt oder gar versucht, jedem Streit und Zwist aus dem Weg zu gehen, so ist es doch nicht immer möglich, den Umweg so zu gestalten, dass man den Menschen und Dingen gegenüber immer kalt und in vollkommener Ruhe bleiben kann.

Irgendwann ist man unweigerlich auf Krawall gebürstet und es kommt zu einem Scharmützel, ob man dies möchte oder nicht ...

Doch wie ein Gewitter die Luft reinigt und danach alles klar und rein erscheint, genauso ist es manchmal von Wichtigkeit, seine eigene Meinung zu vertreten, sich selbst treu zu sein und einer „Meinungsverschiedenheit" in die Augen zu sehen, ohne ihr auszuweichen.

Denn wer immer nur die Meinung der anderen annimmt, der hat zum Schluss keine eigene Meinung mehr und muss sich dann auch nicht wundern, wenn der Eindruck entsteht, dass niemand nach seiner Meinung fragt und darauf Wert legt.

Das bedeutet nicht, dass man meinungsresistent sein sollte oder keine Verbesserung annehmen darf, vielmehr geht es darum, aus der Feigheit des eigenen Harmoniebedürfnisses heraus nicht alles zu schlucken und sich selbst zum Sklaven seiner eigenen Nachgiebigkeit werden zu lassen.

Das Leben schickt uns immer wieder neue Herausforderungen und Lektionen, an denen wir wachsen oder zerbrechen können.

Ich glaube, ich brauche nicht zu fragen, wer zerbrechen möchte … natürlich wollen wir alle wachsen, und das Zaubermittel, was uns alle nicht verzagen lässt, ist, in jeder Situation den nötigen Humor zu besitzen, damit man die Probleme erst einmal in kleine portionierte Bissen zerlachen kann.

Denn wie wir alle wissen, heißt das Passwort fürs Leben „Humor" und er ist das beste Kleidungsstück, was man in einer verängstigten und verärgerten Gesellschaft tragen kann.

Humor ist der oberste Knopf des Hemdes, der verhindert, dass einem der Kragen platzt.

Doch auch unser Humor braucht ab und an ein paar kunterbunte Schimpfworte, die ihn besänftigen und ihn seine Meinung ausdrücken lassen.

Zwar waren Blödmann und doofe Kuh in meiner Kindheit die schlimmsten Schimpfworte, doch ich habe für die Freiheit meiner Seele einige dazugelernt.

Denn jeder Mensch erlebt Enttäuschungen in seinem Leben, und um diese gut verarbeiten zu können, braucht die Seele Luft und viel Platz, und den bekommt sie – in manchen Fällen – am besten, schnellsten und effektivsten mit Schimpfworten hin.

Dies soll kein Ratschlag zum unkontrollierten Drauflosmeckern sein, denn Meckern ist wie Gasgeben im Leerlauf.

Beim reinen Meckern und bloßen Hoffen, in des anderen Ohren Gehör zu finden, passiert rein gar nichts, außer dass die Wut der eigenen Verzweiflung anfängt zu schwellen und sich zu einem riesigen Knoten aufbaut.

Ein paar Schimpfworte und gleichmäßiges Atmen im Dialog mit der eigenen Seele hingegen bringen den Knoten zum Platzen, reinigen die Luft und machen alles wieder wie neu.

Angelegenheiten nur in sich hineinzufressen, macht den Körper und die Seele auf Dauer krank.

Die Schuld immer bei sich alleine zu suchen, lässt das Wohlwollen und den Selbstrespekt für die eigene Seele schwinden.

Also betrachte alle Vorkommnisse in Deinem Leben als eine Art Spiegel und Wegweiser, lerne aus den Ereignissen Deines Lebens, damit sie weder vergebens sind, noch sich in Dauerschleife wiederholen werden.

Bestücke alles, was negativ scheint, mit einer Menge Humor und würze mit ein paar schönen und ausgefallenen Schimpfworten nach, so dass Deine eigene Kreativität – die Probleme zu titulieren – Dich bereits zum Lachen bringt, und Dein Leben kommt in Fluss.

Denn mit der Treue zur eignen Seele und Humor im Blut braucht es nur noch das Überlaufventil der geflügelten Schimpfworte und nichts, aber auch wirklich nichts kann Dich dann noch aus der Bahn werfen.

Zwar wird Dein System hier und da immer mal wieder verwackelt werden, doch nie wird es so schlimm, dass es Dich in die Knie zwingen kann.

Denk daran, dass man sich auch immer nur so sehr ärgern kann, wie man es selbst zulässt.

Du alleine bist derjenige, der darüber entscheidet, wie sehr Du Dich ärgerst, wie sehr Du beleidigt bist und wie sehr Dir etwas wehtut.

Du kannst Tage lang damit verbringen, vom Ärger beleidigt zu jammern, doch Du bist in keiner Weise dazu verpflichtet.

Mach Dir und Deiner Seele Luft und Platz, rüttle Deinen Humor wach, hau ein paar Schimpfworte Deinem eigenen Geist vor die Füße und besorge Dir Schokolade für die Seele, indem Du etwas tust, was nur Dir guttut, so hast Du den eigenen Reset-Knopf gedrückt und kannst wieder mit Freude von Neuem beginnen.

Verharre niemals in der Annahme, dass ein anderer Mensch auf dieser Welt dafür zuständig ist, Dich bei Laune zu halten.

Selbst wenn Dich jemand beleidigt, kannst Du immer nur so eingeschnappt sein, wie Du es selbst zulässt. Und wem schadet es im Endeffekt?

Doch nur Dir alleine, der andere tanzt meist schon wieder durch sein Leben, während Du schmollend in der Ecke sitzt und Deinem Leben das beleidigte Kleinkind vorspielst.

Steh alleine wieder auf, sieh die Schönheit Deines Lebens und verstehe, dass kein Mensch Dir verbal etwas antun kann, was Du nicht zulässt. Denn erst wenn Du den Worten eines anderen Menschen Energie schenkst, beginnen sie zu wachsen und werden Dich in Deine Träume verfolgen und im Inneren Deiner Seele ihr Unwesen treiben.

Werde zum Profi Deines inneren Grolls, ärgern ist was für Anfänger, Du atmest, lachst, überlegst, haust für Dich allein ein paar Schimpfworte raus und zuckst mit den Schultern.

So macht Ärgern auch noch Spaß, wenn man über die Kreativität der eigenen Wut lachen kann.

Denn das wirklich Ärgerliche an der Sache mit dem Ärger ist, dass man sich ärgert, ohne dass es für irgendjemanden hier auf dieser Welt von Nutzen ist. Somit steh über ihm, dem Ärger, aber schlucke ihn nicht runter, denn dann treibt er nur unkontrolliert in Dir drinnen sein Unwesen.

Lass ihn raus, doch sei Dir bewusst, dass es immer nur Dein eigener Überdruck ist, der abgebaut werden muss, und dass dies mit Frohsinn und Freude am besten gelingt, wenn man über sich selbst lachen kann und weiß, dass Ärger und unangenehme Gefühle einem Kleinkind gleich sind, das niemals über das Kleinkindalter von drei Jahren herauswachsen wird.

Nimm sie nicht zu ernst, Deine Wut über den Ärger, gib beiden einen Schnuller, eine Rassel und ein paar Klötzchen, Dein Leben wird es Dir danken, wenn Du mit dieser Beschäftigungstherapie die negativen Emotionen im Kindergarten der gruseligen Gefühle miteinander spielen lässt und alle schön beschäftigt und zufrieden sind.

So ausgestattet, wirst Du Dich in Zukunft kaum noch ärgern, vielmehr wirst Du Dich wundern und lachen, die Schimpfworte werden nur noch kurz durch Deinen Kopf huschen, doch meistens werden sie nicht mehr über Deine Lippen fließen.

Die Empörung über jegliches Ärgernis ist wie eine ätzende Substanz, sie zerfrisst immer das Gefäß, in dem sie sich befindet.

Lass nicht zu, dass dieses Gift in Deinem Körper seinen Unfug treiben kann. Entwickle eine List zum Selbstschutz und lass allen Ärger draußen.

Denn besser draußen in der großen weiten Welt, wo er schnell verfliegen kann, als in Deinem Körper, wo er sich aufstaut, der Ärger, und beginnt zu wachsen und all Deine schönen Gefühle tötet.

Humor an, Ärger aus! ... heißt die Devise!

Wenn der Humor in einem lebt, dann wird man es nie müde, dieses Leben, und die Augen leuchten wie Sterne.

Dieser wundervolle frohsinnige **Humor** bringt die Seele zum Lachen und das Herz zum Tanzen.

H - eimat
U - nendlichkeit
M - itgefühl
O - ffenherzigkeit
R - ummelplatz

Denn wenn man die **Heimat** in der eigenen Seele findet, eröffnet sich einem die **Unendlichkeit**. Das **Mitgefühl** für alles Leben dieser Welt erwacht und breitet sich durch die **Offenherzigkeit**, die man erlangt hat, aus. Das Leben wird zu einem **Rummelplatz** und jeder Tag ein Fest, denn von heute an wird das Leben nicht nur gelebt, sondern getanzt.

So ausgestattet mit einem wundervollen Frohsinnshumor kann das Leben nur wunderbar werden, wenn man weiß, dass man Scharmützel leben soll, sich selbst treu sein und auch schon mal vor Wut aus der Reihe tanzen darf.

SCHIMPFWORTPOESIE

Bist Du mal auf Krawall gebürstet
und es dürstet Dich innerlich,
ein Scharmützel zu entfachen.
Bleib Dir selbst treu
auf dem Boden der Tatsachen.
Steh dazu,
verschließe nicht Dein Herz,
bekenne Deiner Seele den Schmerz,
versuch es mit Humor zu nehmen,
auch wenn innerlich die Gefühle beben.
Es darf auch mal ein Tränchen rollen,
Du kannst schimpfen und schmollen.
So können schön-schreckliche Schimpfworte fliegen,
und Du musst Dich nicht mehr verbiegen
und alle Worte wiegen,
als wären sie TÜV-geprüft.
So wird der Frohsinn in Dir tanzen
so im Großen und im Ganzen.
Von jetzt an und für alle Zeit,
sei auch wuterfüllt noch für einen Spaß bereit.

Ist es nicht herrlich zu erkennen, dass man auch mal wütend sein muss, um sich selbst treu sein zu können?
Dass es so wichtig ist, die Gefühle zu leben, und dass es nichts bringt, sie im Inneren einzusperren, da sie sonst dort ihr Unwesen treiben?

WIR WOLLEN UNS ZUSAMMEN LUSTIG HEITER ÄRGERN,
RASEND MACHEN UND HERAUSFORDERND LACHEN
WIE DIE DRACHEN ...

UNENDLICHKEIT MEINES SEINS

Das Einzige, was in diesem Leben sicher ist, ist die Gewissheit, dass der Tag kommt an dem unser Lebensbus die letzte Haltestelle ansteuern wird ...
Es ist das, was uns alle gleichmacht, und das, was keiner von uns aufhalten kann, egal welchen Einfluss oder welche Macht man auf dieser Welt auch hatte.

Wir alle werden an genau der gleichen Haltestelle irgendwann stehen und aussteigen müssen.
Doch es wird nur ein Umsteigen sein, da der Tod nicht das AUS, sondern nur einen Seitenwechsel in die Feinstofflichkeit bedeutet.

Der Tod ist nur eine Veränderung des Lebens, und niemals wird jemand ganz gehen.

Wir alle sind aus Energie, und es ist ein physikalisches Gesetz, dass Energie nicht verloren gehen kann.
Wir haben eine unsterbliche Seele, in ihr wohnt unsere Lebensenergie und gleicht einem Wassertropfen, der alle Information des gesamten Ozeans enthält, und so enthält unser Wassertropfen Leben die Information des gesamten Universums.

So sind wir alles und stecken in allem, wir sind immer gewesen und wir werden immer sein, nur wir haben es vergessen, wenn wir das Abenteuerspiel „Erde" betreten, das ist so in den Spielregeln des Inkarnationsvertrags festgehalten.

Aus diesem Grunde sehen wir vieles zu ernst und nehmen manches zu schwer, wir verlieren so viel Leichtigkeit und nehmen an Traurigkeit zu.

Wie wundervoll ist es dann doch, wenn einem klar wird, dass es im Leben nicht darum geht, perfekt zu sein, sondern glücklich, und dass es nie aufhören wird, dieses Sein, sondern nur die Gestalt unseres Körpers eine andere werden wird.

Doch all unsere Gefühle und Emotionen bleiben gespeichert, und das über die verschiedenen Leben hinweg. So bringt uns der jeweilige „Tod" im Prinzip nur wieder unsere eigene Vollkommenheit zurück.

Und das nächste auf den Tod folgende Leben stellt eine neue Möglichkeit und Chance dar, weitere Erfahrungen, Gefühle und Eindrücke zu sammeln.

Materielle Dinge, die wir hier auf Erden so lieben, sind nichts anderes als Leihgaben. Was wirklich zählt, das sind die Beziehungen, die wir führen, die Gefühle, die wir entwickeln, die Erkenntnisse, die wir erlangen, und die Fröhlichkeit der Seele, die allem neue Energie verleiht.

Das größte Geschenk, das man sich selbst machen kann, ist, ein Leben aus vollem Herzen zu führen. Sich selbst treu zu sein und sich eine eigene Sicht auf die Dinge zu erlauben.

Es geht darum, das Leben unbeschwert zu genießen und den leichten, sonnigen Weg zu gehen. Sich es selbst nicht unnötig zu beschweren und die Dinge immer nur negativ zu sehen.

Da wir alle aus Energie sind, unterliegen wir einem Lebensmagnetismus, der besagt, dass das, was wir ausstrahlen, auch wieder zu uns zurückkommen wird.

Das, was wir denken, fühlen wir, was wir fühlen, wird zu unserem Ich, unser Ich ist magnetisch und zieht sein Sosein an.

Die Grundregel Nummer eins im Leben lautet: Wenn Du fröhlich und glücklich sein willst, dann musst Du aufhören zu jammern!

Das ist das grundlegende Pflichtprogramm, wenn es ums Glücklichsein geht. Man wird immer nur das vom Leben erhalten, was man selbst dem Leben gibt.

Also lache es an, dieses Leben, und das Leben wird zurücklachen.

Wechsel Deine Einstellung dem Leben gegenüber, werde Dir bewusst, dass Du immer sein wirst und dass Deine jetzige Existenz nur ein Teil eines runden Kreises ohne Anfang und Ende ist.

Verlier die Angst vor dem Tod, denn der Tod ist nur eine weitere Möglichkeit für Dich, der eigenen Vollendung zu begegnen.

Verwandle Deine tiefe Traurigkeit darüber, dass ein Dir lieb gewordener Mensch den Weg bereits vorausgegangen ist, und freue Dich darauf, diese eine Seele irgendwann wiederzusehen und alle Gefühle teilen zu können.

Sei gewiss, dass es ein Wiedersehen geben wird. Diese Gewissheit lässt Dich den Schmerz des vorübergehenden Getrenntseins leichter ertragen.

Finde mehr zu Dir selbst, indem Du Deinem Geist die Freiheit schenkst, nicht in Normen und Raster gepackt zu werden.

Denn je mehr Du zu Dir selbst findest und Dich wieder ganz zu spüren lernst, lernst Du auch die Energien kennen, die Dich umgeben.

Deine Lieben gehen niemals ganz, und wenn Du sie brauchst, sind sie da.

Du kannst es sehen, doch nur mit dem Herzen, die Augen sind zu viel im Außen.

All Deine lieb gewonnenen anderen Seelen werden auf Dich warten, Dir in neuen Leben begegnen und Dich auf immer andere Arten und Weisen im Fluss der Ewigkeit begleiten.

Dies ist ein Versprechen meiner Seele an Deine Seele.

Die imaginären Dinge machen letztendlich unser Leben aus, die Dinge, die man erlebt und im Herzen abspeichert, von den Momenten, die uns berühren und tiefe Spuren hinterlassen.

All das sind Kleinigkeiten, die uns zu einem großen Ganzen formen, die unseren Geist gestalten und unsere Seele prägen.

Diese Kleinigkeiten sind das Einzige, was in der Unendlichkeit Bestand hat und was als Erinnerung und Gefühl gespeichert mit uns überall hingehen wird.

Denn alles Materielle ist uns nur auf Zeit geliehen und auf Dauer gar nichts wert.

Daher fange sie ein, die schönen Momente, und bewahre sie in Deinem Herzen, denn letztendlich bist Du nichts außer einer Sammlung Lebenserfahrungen, gepaart mit der Seele, die in Deinem Geist lebt.

Lass nicht zu, dass negative Lebensumstände Dich so verformen, dass Dein Geist und Deine Seele davon in Mitleidenschaft gezogen werden und die Traurigkeit Dein Sein vergiftet.

Hab die Erkenntnis, dass hier auf Erden nichts Bestand hat und von Dauer ist, weder Glück noch Traurigkeit. So wirst Du im Glück beseelter sein dafür, dass es ist, und in der Traurigkeit die Gewissheit haben, dass auch wieder andere Zeiten kommen.

Versuche, niemals die Angst über Dich regieren zu lassen, denn die Angst ist ein nimmersatter Energie-Vampir, der – je mehr Aufmerksamkeitsfutter er bekommt – um so mehr zu wachsen beginnt, da die Angst immer die Macht über die Seele haben möchte.

Gestalte Dir selbst eine fiktive Tür, die Du schließen kannst, wenn die Angst versucht, Dich zu besuchen.

Werde Dir der verschiedenen Lebensoptionen bewusst, denn Du kannst

1. **Aufgeben**
2. **Nachgeben**
3. **ALLES GEBEN!**

Es ist ein wundervolles Sein, das Du ganz nach Deinen eigenen Vorstellungen kreieren kannst, denn Du allein bist der Designer Deines Lebens, Du kannst all das daraus machen, was Du Dir auch vorstellen kannst.

Träum die kühnsten Träume und zweifle niemals an Deinen Wünschen, halte das Gefühl des bereits erfüllten Wunsches in Deinem Herzen fest und geh jeden Abend mit der Gewissheit schlafen, dass Dein Wunsch bereits erfüllt ist, so wird das Leben Dir genau das bringen, was Du Dir auch von ihm wünschst.

Freue Dich, ein Stück Unendlichkeit zu sein, schau hinter die Lebenskulissen und den Magnetismus des Seins, erkenne, dass alles in allem steckt und jeder Wirkung eine Ursache vorausgeht.

So bekommst Du ihn, Deinen Lebensführerschein, und kannst gekonnt Dein Sein dorthin lenken, wo Deine Seele sich wünscht zu sein.

Sei Dir gewiss, dass das Leben immer so wundervoll zu Dir sein wird, wie Du es zulässt.

Fang an und schenke Dir selbst schöne und positive Gefühle, und das Leben wird Dir magnetisch diese zurückschenken.

58

Denn dieses Leben besteht aus Ewigkeit in der **Unendlichkeit.**

U – nwiderstehlich
N – eugierde
E – nergie
N – euheit
D – ankbarkeit
L – achen
I – nspiration
C – harisma
H – umor
K – reativität
E – wigkeit
I – ntuition
T – reu

Unwiderstehlich ist die **Neugierde** der **Energie**, wenn sie die eigene **Neuheit** der Seele mit **Dankbarkeit** erkennt.
Das **Lachen** der **Inspiration** entwickelt ein wundervolles **Charisma**, das mit **Humor** und **Kreativität** bis in alle **Ewigkeit** der **Intuition treu** bleibt.

Verlier alle Angst vor dem Aberglauben, dass das Leben endlich ist, nur diese eine Reise ist endlich, doch Du wirst ewig reisen und ewig sein, denn Du bist pure Energie.
Werde Dir gewiss darüber, dass Du mit Hilfe des Magnetismus im Leben alles steuern kannst, solange Du nicht anfängst zu zweifeln.
Entdecke Deine ganz eigene Macht, Deine Unendlichkeit in der Ewigkeit.

UNENDLICHKEIT IN MIR

Ich spüre sie, die Unendlichkeit meines Lebens.
Ich spür, dass nichts ist vergebens.
Der Tod wird nur eine Veränderung sein
und keiner ist allein.
Wir alle sind Energie
und die vergeht bekanntlich nie.
So habe immer frischen Mut,
denn der tut jedem gut.
Und in Zukunft sei gewiss,
dass alles, was kommt, nur Veränderung ist.
Nichts hat seine Beständigkeit
außer der Unendlichkeit.

So ausgestattet mit ein paar kleinen wundervollen Lebensgeheimnissen lebt es sich gleich viel leichter und bunter.

Alles hat seine eigene Faszination, und Du bist der Künstler, der das Bild malt, das sich „Dein Leben" nennt.

KOMM MIT UND LENKE DIE FASZINATION DER INSPIRATION RICHTUNG UNENDLICHKEIT, DENN ES IST DIE EWIGKEIT, DIE DIR NOCH BLEIBT.

ANKERPLATZ MEINER FREUNDSCHAFT

Wenn man mich nach der großen Besonderheit im Leben fragt, dann würde ich Freunde sagen.

Denn sie begleiten uns auf unserer Reise, sind immer da und immer nah.

Freunde sind das, was im Leben nicht fehlen darf.

Das, was uns prägt, sind unsere Beziehungen zu anderen Menschen. Sie sind das, was uns Freude und Energie bringt und alle Traurigkeit vergessen lässt. Es sind die Verbindungen im Leben, die unserem Sein seine Individualität geben.

Alles Materielle kann verloren gehen und ist uns nur auf Dauer dieser Erdenreise geschenkt. Die Verbindung und Freundschaft zu einem anderen Menschen hingegen ist pure Energie und hat für alle Ewigkeit Bestand.

Kein Gut dieser Erde kann auf die Länge der Zeit das in uns auslösen, was ein anderer Mensch zu wecken vermag. Nichts Materielles kann uns auf Dauer glücklich machen und die Traurigkeit unserer Seele heilen.

Aller Reichtum schafft keine Verbindung zur Menschlichkeit und zur Wärme unserer Seele. Nur der Mensch kann dem Menschen ein Mensch sein, ein Freund und Gefährte.

Unsere Seele braucht, um sich entfalten zu können, die Verbundenheit zu anderen Menschen, sie braucht den Spiegel und die Gewissheit, dass sie geschätzt und geliebt wird, sonst beginnt sie zu erkranken.

Um ein Leben aus vollem Herzen genießen zu können und die eigene Verletzlichkeit abzulegen, braucht es die Allianz zu anderen Menschen, zu Freunden.

Freunde sind Menschen, die auch die „NICHT-Schokoladenseite" der eigenen Persönlichkeit kennen und einen gerade deshalb lieben, weil man nicht perfekt ist, Ecken und Kanten hat und wundervolle Macken besitzt.

Freunde reichen einem die Hand, wenn man am Boden liegt, helfen beim Aufstehen und gehen die ersten Schritte mit einem gemeinsam.

Mit Freunden ist das Glücklichsein glücklicher und die Trauer nie so tief und schwarz.

Freunde unterstützen einen bei verrückten Ideen und halten einen von Dummheiten ab.

Freunde kennen auf Dauer das Wort Neid nicht, und beleidigt zu sein, ist ihnen fremd.

In ihren Augen kann man sich selbst wiederfinden, wenn man den Kontakt zum eigenen Bauchgefühl verloren hat.

Wirklich wahre Freunde sind kostbar, sie sind selten wie Diamanten und bringen ein Funkeln ins Leben.

Wahre Freunde im Leben zu finden, ist ein großes Ziel auf unserer Erdenreise, denn mit ihnen stellen wir das wieder her, was auf dieser Welt so oft verloren geht oder zu wenig existiert. Es ist die Verbundenheit mit allem und die Gewissheit, dass alles mit allem in Verbindung steht.

Wenn wir uns getrennt von all unseren materiell erwirtschafteten Gütern sehen und uns ganz auf unsere Verbindungen im Leben konzentrieren, dann sehen wir genau das, was wir für die Dauer der Ewigkeit geschaffen haben. Alles andere sind nur Leihgaben, die wir irgendwann wieder zurückgeben müssen. Die Verbindungen zu anderen Seelen sind pure Energien, die nicht verloren gehen und für die Ewigkeit Bestand haben.

Selbst wenn wir die Form des Lebens gewechselt haben, werden die Freundschaft und die Verbundenheit bestehen bleiben. Es wird ein Wiedersehen mit allen geben, die uns vorausgegangen sind, und wir werden auf die warten, die uns folgen.

Alle Gefühle bleiben bestehen, sind in unserer Seele gespeichert und leben dort fort, das ist eine wundervolle Eigenschaft der Freundschaftsenergie, wie sie kein materielles Gut je erreichen wird.

Aus diesem Grunde pflege Deine Freundschaften, sei für Deine Freunde da und lass sie in die wahre Tiefe Deines Herzens sehen, damit man keine aufgesetzten und falschen Beziehungen führen muss, die sich am Ende nur als Energievampir in unserem Leben zeigen.

Erkenne, wer es wirklich ernst und gut mit Dir meint und wer sich nur aus irgendeinem Grunde mit Dir oder Deinen Fähigkeiten schmücken möchte. Schau in die Augen Deines Freundes, denn wenn Du in ihnen keinen Neid sehen kannst, ist er ein wahrer Freund, anderenfalls ist er bestenfalls ein guter Bekannter, dem es nicht um Dich als Mensch, sondern um seine eigenen Belange geht.

Freundschaft ist eine Sache, die im Herzen entsteht und durch Gemeinsamkeit wächst. Sie ist eine Verwandtschaft von Seelen, die sich gut verstehen und viele gemeinsame Interessen haben.

Auch in einer Freundschaft kann man sich streiten und Meinungsverschiedenheiten erleben, doch wenn man sich wirklich nah ist, wird man bei genauerem Hinschauen feststellen, dass man den anderen gerade deshalb mag und schätzt, weil er so ist, wie er ist. Aus diesem Grunde heraus toleriert man seinen Freund, dies ist eine wundervolle Gabe, die eine wahre Freundschaft auf Gegenseitigkeit ausmacht.

In einer guten Freundschaft sollten beide Parteien ihre Stärken und Schwächen haben dürfen, sich diese nicht vorenthalten und aneinander wachsen.

Denn gerade Toleranz ist, außer verzeihen zu können, auch ein wichtiger Grundstein der Freundschaft, genauso wie der gegenseitige Respekt und die tiefe Dankbarkeit, dass man es geschafft hat, genau diesen Menschen auf der Welt gefunden zu haben und ihn einen „Freund" nennen zu dürfen.

Freundschaft wächst und vergrößert sich durch Hürden, die man im Leben gemeinsam meistert, und steile, steinige Wege, die man gemeinsam geht.

Einen alten Freund nach langer Zeit wiederzutreffen, ist wie einen Sonnenaufgang im Inneren des Herzen zu erleben, mit ganz viel Helligkeit und Wärme. Es ist ein unbeschreibliches Gefühl der Verbundenheit und des inneren Glücks, und genau dieses Gefühl ist es, auf das es im Leben ankommt. Es ist die Magie der Energie, aus der wir alle sind und die sich in Verbindungen potenziert, um noch kraftvoller zu werden. Freundschaften sind ein wahrer Schatz, den es zu behüten und zu schützen gilt.

Solange man einen wahren Freund im Leben hat, wird man nie alleine sein, und egal was einem auch zustoßen wird, es ist immer jemand da, der einen auffängt und uns mit Rat und Tat zur Seite steht. Freunde schenken sich die Hoffnung, die nötig ist, den Mut, der gebraucht wird, und die Kraft, die erforderlich ist. Freunde sind ehrlich zu Dir, auch wenn es einmal nicht einfach ist, sie fangen Dich auf, wenn Du fällst, und helfen Dir, Plan B zu schmieden. Freundschaften geben dem Leben einen tieferen Sinn und die sichere Gewissheit, nicht alleine auf der Welt zu sein. Freunde sind unsere Wahlverwandten und wirken sich positiv auf unsere Gesundheit und unseren Körper aus. Es gibt Studien, die belegen, dass Menschen, die von lieben Freunden umgeben sind, eine höhere Lebenserwartung haben.

Dies geschieht durch Momente der Vertrautheit. In solchen Momenten wird nämlich das Hormon Oxytocin vermehrt gebildet und das wirkt sich positiv auf unser Leben aus, denn es hemmt bei Stress und Angstzuständen die Bildung des Stresshormons Cortisol.

Durch diese Vertrautheit entsteht eine große Verlässlichkeit und Sicherheit im Leben.

Die Sehnsucht nach wahrer und tiefer Freundschaft ist uns allen angeboren. Wir alle sehnen uns danach, einen Menschen zu treffen, der unser wahres ICH kennt und gerade dieses wahre ICH liebt.

Wir sind alle Suchende auf dem Weg zu einer **Freundschaft**, die unser Herz berührt.

F - röhlichkeit

R - etter

E - hrlichkeit

U - neigennützig

N - ähe

D - ankbarkeit

S - ternschnuppe

C - harme

H - offnung

A - llheilmittel

F - reudentaumel

T - oleranz

Ein wahrer Freund schenkt uns seine **Fröhlichkeit**, er ist unser **Retter** und unterstützt uns mit **Ehrlichkeit** vollkommen **uneigennützig**. Ein Freund ist in Gedanken immer in unserer **Nähe** und erfüllt von **Dankbarkeit**, ein Freund zu sein.

Er ist die **Sternschnuppe** mit **Charme**, die uns immer neue **Hoffnung** bringt, und das **Allheilmittel** in allen Lebenslagen, damit der **Freudentaumel** nie enden mag. Ein treuer Freund besitzt **Toleranz** für uns, egal was passiert.

Nur der Mensch, der wahre Freundschaft kennt, kennt auch das Gefühl wahren Glücks. Denn im Teilen der Glücksfreude ist das Geheimnis von immerwährendem Glücklichsein versteckt.

Innere Zufriedenheit und Glück breiten sich immer mehr aus, je mehr man sie teilt.

HOMMAGE AN DIE FREUNDSCHAFT

Ein Freund ist immer da,
ein Freund ist immer nah,
denn unser Dasein
verlangt ein Nahsein.
Ein Freund gibt mir die Kraft,
wie nur ein Freund es schafft,
durch ihn bin ich lebhaft,
ist das nicht fabelhaft.
Mit Freundschaft krieg ich alles hin,
in mir erwacht des Lebens Sinn,
ein Freund, ein wahrer Hauptgewinn.
Ein Freund schenkt mir frischen Mut,
wie es nur ein wahrer Freund tut.
Ein Freund macht mir das Leben reich
und alle Härte wird ganz weich.
Ein Freund ist wichtig für mein Sein,
denn in ihm bin ich daheim.
Komm und lass uns FREUNDE sein.

Ist es nicht ganz wundervoll zu spüren, wie magisch Freundschaft sich in unserem Leben anfühlt?

Jede gute Freundschaft hat einen eignen Zauber, der wichtig für unser Leben ist, eine Melodie, die uns zum Tanzen bringt und alle Traurigkeit vergessen lässt.

KOMM UND FEI'RE SIE MIT MIR,
DIE FREUNDSCHAFTEN DEINES LEBENS.

UNIVERSUM MEINER WUNDER

Während unserer gesamten Lebensreise haben wir immer einen Wunsch: „Wir wollen glücklich sein!"
Wünsche sind immer ein Ausdruck unserer eigenen Sehnsüchte, und alle unsere Sehnsüchte haben am Ende ein Ziel: glücklich und zufrieden zu sein. Dieses Glücklichsein hat zwar für jeden von uns ein anderes Aussehen, doch das Gefühl und der Geschmack von Glück, der letztendlich in der Zufriedenheit gefunden wird, ist für uns alle gleich.
Mit dem persönlichen Glücklichsein sind immer Wünsche verbunden; diese Wünsche leben in unseren Träumen und sind der Motor unserer Motivation. Wo uns kein Wunschtraum motiviert, sind wir nicht bei der Sache und alles geht nur sehr schleppend voran.
Somit dürfen Träume und Wünsche in unserem Leben nicht fehlen, sie sind die stillen Glückshoffnungen, die wir uns ausmalen und die unser Leben lebenswert machen.
Sie sind die Energie, die uns voranbringt, und ihr Gelingen wird letztendlich durch uns selbst gesteuert.
Denn unsere Gedanken sind magnetisch. Das, was wir denken, werden wir auch anziehen. Jeder Gedanke wird nicht umsonst gedacht, deshalb pass gut auf Deine Gedanken auf, denn sie werden zu Deinem Sein.
Gedanken haben Kräfte, die Einflüsse auf unser Leben nehmen. Diese Erkenntnis gilt es zu nutzen und nicht nur alleine unserem Verstand zu trauen, denn unser Bauchgefühl weiß oftmals vielmehr, als wir glauben.

Es ist so wichtig, immer an die Erfüllung der eigenen Wünsche und Träume zu glauben, denn nur wenn man unerschütterlich an sie glaubt, werden sie sich auch erfüllen können und zu unseren eigenen Wundern werden.

Die Erfüllung eines Wunsches ist wie das Erreichen eines großen Zieles oder das Gefühl eines langen glücklichen Sommersonnentags.

Aus diesem Grunde sollten wir alle unsere Wünsche und Hoffnungen nur mit positiven Aspekten besetzen und uns gedanklich bereits immer im erfüllten Wunsch sehen, denn so kann unser Außen – das wir Realität nennen – zu guter Letzt nicht anders, als unseren Wunsch wahr werden zu lassen.

Wenn jeder Mensch wüsste, wie schädlich negative Gedanken sind, dann würde es sie nicht mehr geben und wir alle wären unseren Wünschen ein großes Stück nähergekommen. Nutze dieses offene Geheimnis für Dich, indem Du Dir klar darüber wirst, dass nur Du Dein Leben gestaltest.

Je positiver Du dies tun wirst, umso schöner wird dein Dasein werden.

Visualisiere Deine Wünsche und mal sie in den buntesten Farben aus, denn je konkreter diese Wünsche bereits in Deinem Inneren leben, desto schneller können sie auch im Außen Gestalt annehmen.

Dennoch ist es sehr wichtig, das HIER und JETZT so zu akzeptieren, wie es gerade ist, und nicht mit Zwang etwas erreichen zu wollen, was im Moment – in welcher Form auch immer – nicht möglich ist.

Wenn Du akzeptierst, was ist, bleibst Du mit Deiner Energie bei Dir, so kannst Du Dich mehr und mehr entspannen, denn gerade das innere Entspanntsein ist wichtig dafür, dass unsere Wünsche in Erfüllung gehen können, denn nur in einem entspannten Zustand haben wir den Kontakt zu unserem höheren Selbst.

Diesen Zustand erreichen wir von Natur aus immer kurz vor dem Einschlafen und vor dem Aufwachen. Die Kunst ist es, diesen Zustand für sich selbst erschaffen zu können.

Hier können kleine Mantras behilflich sein, wie zum Beispiel:

- **Ich bin**
- **Es ist, wie es ist**
- **Nicht ärgern, nur wundern**

Dieser Zustand gelingt einem auch durch die dauernde Wiederholung der drei wundervollen Worte: **Harmonie, Freude, Glück.**
Durch gleichmäßiges Ein- und Ausatmen samt Wiederholung der Worte begibt man sich in einen entspannteren Zustand und kann Abstand vom Stress der Außenwelt nehmen. Wenn dieser Zustand erreicht ist, geht es darum, das Gefühl des bereits erfüllten Wunsches anzunehmen, indem man sich in Gedanken im tatsächlich erfüllten Wunsch sieht, und der Zauber beginnt. Ziel ist es, dieses Gefühl möglichst lange in sich zu tragen und durch kurze Meditationen immer wieder in den Alltag zu integrieren, denn so werden Wünsche wahr und wir der Zauberer unserer eigenen Wunder.
Es gilt zu verstehen, dass wir aus purer Energie sind, und diese folgt immer der Aufmerksamkeit. Das, was uns umgibt, ist nichts anderes als unser Gedankengut der Vergangenheit. Das physikalische Gesetz der Anziehung gilt für alles, was ist. Denn wie Albert Einstein und Max Planck uns schon sagten: „Geist ist der Urgrund aller Materie", und somit sind wir das eigene Universum unserer Wunderwunschfabrik im Kleinen.
Glaube immer an das, was noch nicht ist, damit es werden kann.
Die sich daraus ergebende Formel sieht folgendermaßen aus:

Geist + Energie → Aufmerksamkeit = Materie

Aus dieser kurzen Herleitung können wir erkennen, dass wir viel weniger Opfer sind, als wir denken, denn eigentlich sind wir Macher!
Die Macher unseres Lebens, denn wir designen es selbst!
Gerade deshalb ist es wichtig, dem Leben gegenüber eine positive Grundhaltung zu entwickeln, sich selbst zu vertrauen und unerschütterlich an seine Träume zu glauben.

Suche nach Deinen eigenen Glücksquellen und tu mehr von den Dingen, die Dir guttun, umso mehr Freude wird in Dein Leben treten. Ignoriere, so gut wie Du eben kannst, alle Dinge, die Dich unglücklich sein lassen und spüre ihnen nicht nach. Denn die Zufriedenheit und das Glück halten mehr und mehr Einzug, wenn Du Dich um all das kümmerst, was Dich erfüllt und ausmacht.

Steck Deine gute Energie nicht in die Beseitigung von Dingen, die Dich unglücklich machen und auf die Du vielleicht gar keinen direkten Einfluss haben kannst, sondern lenke Deine Energien vielmehr dahin, wo Dein Glück sich zu Hause und Du Dich erfüllt fühlst.

Merk Dir, all das, worauf wir unseren Fokus richten, wird mehr und mehr verstärkt. Denn das Talent der glücklichen Menschen liegt darin, dass sie imstande sind, ihre Aufmerksamkeit dorthin zu lenken, wo auch ihre Freude ist, zu den Dingen, die sie aufbauen und froh sein lassen.

Es ist wichtig, sich auf eine Sache, die einem Spaß macht, konzentrieren zu können, denn nur so ist man 100 Prozent bei sich selbst und kann es schaffen, in einen Flow zu kommen, der ein erfüllendes und ausfüllendes Glücksgefühl mit sich bringt.

In der heutigen Zeit des Multitaskings ist es bedeutend, die Verbindung mit der eigenen Seele wiederherzustellen, damit man bei sich sein und somit glücklich werden kann. Denn wir allein sind der Designer unseres Lebens, und diese Tätigkeit können wir nur dann ausführen, wenn es uns gelingt, ganz bei uns zu sein und sich selbst wieder zu spüren.

Damit dies geschieht, ist es notwendig, sich gerade vor dem Schlafengehen nur mit guten Gedanken und Wünschen zu beschäftigen und sich keine Zeit für die Probleme zu nehmen, denn das Positive und Schöne, was man denkt, das nimmt man auch mit in den Schlaf, dort hat man die beste Verbindung zum Unterbewusstsein, wo man dem Magnetismus der eigenen Gedanken am nächsten ist und Wunder erschaffen werden können.

Es lebt in uns – unser Universum der Wunder – und wartet nur darauf, von uns entdeckt und genutzt zu werden.

Wenn wir an unseren eigenen **Wunschtraum** glauben, dann wird dieser auch zu uns kommen, er besteht aus so viel:

W - ahrnehmung
U - nbeschwert
N - euanfang
S - eligkeit
C - ourage
H - erzlichkeit
T - oleranz
R - etter
A - ufmerksamkeit
U - nendlich
M - otivation

Immer dann, wenn wir mit unserer **Wahrnehmung unbeschwert** einen **Neuanfang** wagen, hilft uns unsere **Seligkeit** mit **Courage** und **Herzlichkeit** dabei, für die eigene Person **Toleranz** aufzubringen, um unser eigener **Retter** zu werden.

Mit **Aufmerksamkeit** können wir **unendlich** daran arbeiten, immer genügend **Motivation** zu haben, an die Erfüllung unserer eigenen Träume zu glauben.

Zu wissen, dass man der Autor des eigenen Drehbuchs ist, hinterlässt ein wundervolles Glücksgefühl.

Denn es schließt das Wissen ein, dass man das nächste Kapitel neu erfinden und somit alles verändern kann.

Komm und schau, welcher Zauber da in uns wohnt und mit der Magie der Gedanken immer wieder einen neuen Anfang hervorbringen kann.

ZAUBER IN MIR

Tief in mir drinnen,
da gibt es einen Ort,
in dem bin ich daheim
und kann einfach nur sein.
Hier lernen meine Träume,
Wunder werden
und kommen zu mir auf Erden.
Erfüllen mein Leben mit Glück
und geben mir Frohsinn am Stück.
Ich mag dieses wundervolle Land,
in dem ich bau meine Burgen aus Sand.
Lass Seifenblasen dann über sie schweben
und erwecke alles zum Leben.
So kann ich mir immer neue Hoffnung geben.

Ich freue mich sehr, dieses offene Geheimnis der eigenen Wunderenergie mit Dir teilen zu dürfen.

Im Grunde unseres Herzens wissen wir alle, wie die Zaubermagie des Lebens funktioniert, doch leider lässt der Stress der Zeit sie uns so oft vergessen.

KOMM MIT UND LASS DICH
VON DIR SELBST VERZAUBERN ...

DOMINANZ MEINER IGNORANZ

Immer wieder wird man inmitten seiner Lebensreise verwackelt, wenn man der Dominanz der Ignoranz von anderen Menschen begegnet. Oft fühlt man sich diesem wortlosen Verhalten der Mitmenschen hoffnungslos und ohne jede Perspektive ausgeliefert.

Wir alle haben sie schon oft erfahren, diese tiefe, schneidende Stille, die über allem schwebt und im Grunde mehr sagt, als es 1000 Worte könnten. Denn keine Antwort zu erhalten, ist die eindeutigste Antwort, die es im Leben geben kann.

Ignoranz ist die größtmögliche Abneigung, die man einem Menschen entgegenbringen und so in seiner Seele für Schmerz sorgen kann.

Einen anderen Menschen im „Regen" stehen zu lassen und sich von ihm abzugrenzen, hat sehr viel mit Verachtung zu tun.

Gerade hier sollten wir mit klarem Blick erkennen, dass es im Grunde eine große Befreiung darstellt, sich von jedem ignoranten Menschen im Leben lösen zu dürfen.

Denn sie bedienen sich nur unserer Energie, und das macht unser Herz schwer und unsere Seele leer.

Natürlich löst diese Stille mehr in uns aus, als jedes Wort es könnte, sie lässt den Spielraum offen, auch wenn er eigentlich längst geschlossen ist.

In dieser Lücke liegt jedoch unsere eigentliche Chance, das Blatt zu wenden und mit Kraft der eigenen Energie der Meister der Situation zu werden.

Es ist ein Geschenk des Lebens, erkennen zu dürfen, wenn Menschen unserer Seele nicht guttun; auch wenn es sehr hässlich verpackt ist, so ist dieses Geschenk jedoch Gold wert.

Wir müssen lernen zu tolerieren, wenn uns jemand ignoriert, denn oftmals ist es am Ende des Tages zu unserem Besten.

So reflektieren wir die Ignoranz und hinterfragen, was Ignoranz eigentlich bedeutet, um zu erkennen, dass ignorante Personen weder zuhören noch zulassen können.

Sie möchten sich nicht mit Problemen beschäftigen oder gar darüber nachdenken, denn dann könnten sie am Ende ja noch die Situation verstehen und Empathie aufbringen.

Allein dies zeigt uns schon sehr deutlich, mit welcher Art von Menschen wir es zu tun haben.

Von da ist es nur ein kleiner Schritt zu erkennen, dass dieser Mensch für unser Leben weder Stütze noch Bereicherung sein wird.

Dieser Art von Menschen scheint es sehr unangenehm und lästig zu sein, sich mit anderen Menschen zu beschäftigen und sich auf sie einzulassen, man erkennt klar ein egoistisches Verhalten.

Sehen wir noch tiefer in die Seele des anderen, dann müssen wir feststellen, dass ihm viele wunderbare Eigenschaften fehlen:

Denn wer nicht **zulassen** kann, dem fehlt es an **Offenheit**, und um **zuzuhören** und den anderen zu **verstehen**, da braucht es **Empathie**. Um eine Situation **einschätzen** zu können und um über sie **nachzudenken**, sind **Toleranz** und **Respekt** erforderlich, und um dies alles zu erkennen, braucht es am Ende auch noch **Intelligenz**.

Zusammengefasst: Mangelnde Offenheit, gepaart mit Empathielosigkeit, Respekt- und Toleranzverlust, zeichnen einen ignoranten Menschen aus, dem es an der nötigen Intelligenz mangelt, sein Handeln zu überschauen. Aus diesem Blickwinkel heraus empfindet man sogar Mitleid mit diesen ignoranten Zeitgenossen, wo vorher nur Ärger und Unverständnis war. Wenn wir mit der Betrachtung fortfahren, können wir immer mehr erkennen und verstehen.

So stellen wir fest, dass bei vielen Menschen die Ignoranz darin besteht, dass sie behaupten, eine Sache nicht besser gewusst zu haben, um sich durch Unwissenheit aus ihrer Schuld befreien zu können.

Sie legen das Verhalten eines Kleinkindes an den Tag, das fest daran glaubt, dass, wenn es nur die Augen schließt, das eigentliche Problem nicht mehr existiert. Leider ist ein solcher Mensch nicht unbedingt das, was man eine große Bereicherung nennt, noch hat er das Potenzial dazu, dass aus ihm ein Fels in der Brandung werden könnte. Hier sprechen wir eher von dem Modell Fähnchen im Wind, und dieses braucht man nur auf dem Spielplatz beim Sandburgenbauen. Darüber hinaus gibt es natürlich auch noch die ganz „herzlichen" Modelle unter den Ignoranten, die ihre Ignoranz dazu einsetzen, den anderen mit ihrer Wortlosigkeit zu bestrafen, um so die Psyche des Gegenübers zu misshandeln. Für mich persönlich stellt diese Kategorie der Ignoranten die bösartigste dar. Denn die so entstehenden Wunden und Narben auf der Seele der wegignorierten heilen, wenn überhaupt, nur langsam, und es können schwere Traumata entstehen.

Das ignorante Schweigen ist eine der größten Waffen unserer heutigen Zeit, somit ist es von Bedeutung, dass wir es erkennen lernen, um uns vor den Folgen zu schützen. Dies sind die dunklen und schlechten Seiten der Ignoranz, und es ist sehr wichtig, sich darüber Gedanken zu machen, wie die Ignoranz auf andere Menschen wirkt und dass sie das Gefühl der größtmöglichen Dominanz bei den Menschen auslöst.

Doch wir müssen auch offen und ehrlich miteinander umgehen und uns im Klaren darüber sein, dass in uns allen die Ignoranz schläft und dass es durchaus auch von Vorteil sein kann, sie hier und da aufzuwecken, um sie sich zunutze zu machen.

Vorausgesetzt, der andere warf den ersten Stein.

Denn dann kann man sich ihrer bedienen, da man ansonsten hilflos wäre, und in diesem Fall ist ignorant besser als hilflos, damit man nicht noch mehr Angriffsfläche bietet, denn auf der Lebensreise geht es auch darum, die eigene Seele zu verteidigen und sie vor Angriffen zu schützen.

In solchen Momenten macht man am besten die Ignoranz zu seinem Verbündeten, damit man nicht verletzt und getroffen werden kann. Hier ist die Ignoranz eine Art „Schutz"-Gefühl, das es nicht zulässt, dass andere Menschen einen in der Tiefe des Herzens verletzen können, und das aus einem Selbstschutz heraus entsteht.

So gibt es die beiden Seiten der Ignoranz auf dieser Welt, die böse und die verzweifelte ... keine von beiden ist wirklich gut oder stellt für unser Leben ein erstrebenswertes Ziel dar, doch um alle Arten der Unvollkommenheit auf dieser Welt erleben zu können, ist es wichtig, sich auch einmal in diesem Zustand befunden zu haben.

Nur so kann man durch Reflexion und mit Hilfe der eigenen Gefühlswelt erkennen, dass man mit Ignoranz und Dominanz im Leben nicht wirklich weiterkommt. Es geht vielmehr darum, sich klar zu werden, wie wichtig Offenheit und Toleranz für alle sind und dass, wenn man mit offenen Augen und einem treuen Herzen diese beiden Tugenden lebt, man die größtmöglichen Erfolge auf seiner Lebensreise sein Eigen nennen kann.

Wenn die Toleranz in uns lebt, schenkt sie uns die Möglichkeit, überall das Schöne zu erkennen und die Lebenssituationen so anzunehmen, wie sie sind, und mit Akzeptanz das Beste daraus zu machen.

So lebe sie in uns, die **Toleranz:**

T - alent

O - ffenheit

L - ebensfreude

E - mpathie

R - espekt

A - ugenblick

N - euanfang

Z - auber

Das **Talent** der **Offenheit** weckt ganz viel **Lebensfreude** in uns und lässt unsere **Empathie** wachsen. Gegenseitiger **Respekt** füllt jeden **Augenblick** mit der Möglichkeit für einen **Neuanfang** aus, der unseren eigenen **Zauber** aufweckt.

Betrachte Dein Leben und Dein Verhalten durch die Augen Deiner Mitmenschen und stell Dir die Frage, ob, wenn die Rollen vertauscht wären, Du Dein eigenes Handeln auch für gut empfinden würdest.
So lässt Du die Empathie für andere aufleben, und überall dort, wo Empathie lebt, ist die Luft zu rein, als dass Ignoranz anfangen kann, ihr Unwesen zu treiben.
Denn die Ignoranz hat ihren eigenen Tanz, den Du nicht brauchst für Deines Lebens Brillanz.

Tanz der Ignoranz

Sie lebt in uns, die Ignoranz,
und bittet die Relevanz zum Tanz
in unserer Substanz.
Sie begegnet uns mit Arroganz,
diese ständige Ignoranz.
So brauchen wir viel Toleranz
und ein wenig Akzeptanz
für den ganzen Firlefanz
unserer eignen Eleganz
für der Seelen Bilanz.
Sonst wird sie noch zur Dominanz,
schließt mit der Dissonanz ´ne Allianz
und wird zur inneren Konstanz,
das will ich nicht für meinen Glanz,
denn ich brauche mehr Brillanz,
für meines Lebens Tanz!

Mit diesen neuen Erfahrungen und Erkenntnissen ausgestattet fährt Dein Lebensbus weiter mit Dir als Passagier, um Dich in das Abenteuerland Deiner eigenen Möglichkeiten zu entführen und Dir ein Leben aus vollem Herzen zu schenken, in dem das Mitgefühl für die anderen ganz oben steht, so verliert sich die Dominanz in der Ignoranz.

KOMM MIT UND SCHAU DIR MIT GROSSEN AUGEN AN, WIE MAN AUS DER DOMINANZ DER IGNORANTEN STILLE WUNDER ENTSTEHEN LASSEN KANN, UND FANG AN, DEIN LEBEN ZU TANZEN ...

REGENBOGEN MEINER POESIE

In unserem Leben gibt es Höhen und Tiefen, wir durchschreiten Täler und steigen auf Berge, doch egal was passiert, dass Wichtigste bei unserer Lebensreise ist, dass man nicht alleine ist, den Mut verliert oder aufgibt, an ein besseres Morgen zu glauben.

Aus diesem Grunde lasst uns füreinander da sein und uns gegenseitig immer mit der Energie von frischem Mut beschenken, damit ein jeder von uns am Ende des Horizonts die Sonne wieder erkennen kann.

Empathie ist das Zauberwort, das es zu wecken gilt. Sich in das Gefühlsleben und die Gedankenwelt eines anderen Menschen hineingleiten lassen können, die Welt aus den Augen des anderen zu sehen, um so mehr Verständnis für dessen Lebenssituation zu bekommen.

Somit schenkt Empathie uns einen vorausschauenden Weitblick für unser Umfeld. Empathie bedeutet nicht, dass man die Meinung eines anderen Menschen annehmen soll, sondern vielmehr, die dahinterliegende Gefühlswelt verstehen zu lernen, aus der sich das Meinungsbild des anderen zusammensetzt.

Je mehr man lernt, aufgeschlossen zu sein, auf Menschen zuzugehen, ihre Meinungen respektiert und deren Hintergründe kennenlernt, umso offener wird die eigene Welt. Es ist eine wundervolle Erfahrung, die einem zu verstehen gibt, dass man ein Teil des großen Ganzen ist und dass das große Ganze eine Art wundervolles Mosaik ist, in dem kein Steinchen fehlen sollte. So sind wir alle Steinchen und Zahnräder im System, gemeinsam statt einsam schaffen wir das Unmögliche.

Also lasst uns füreinander da sein, lasst uns zukünftig EMPATHIE in unserem Leben großschreiben. Es wäre so schön, wenn es immer jemanden gäbe, der unseren Namen kennt, so dass niemand je vergessen werden kann.

Gegenseitige Hilfe und Anteilnahme am Sein des anderen, sich in den anderen hineindenken können und das Gefühl zu verstehen, was den anderen ausfüllt, ist ein wichtiger Bestandteil für ein Leben aus vollem Herzen.

Und dieses Leben aus vollem Herzen ist letztendlich das, was wir Glück nennen.

Wenn man es wirklich schaffen möchte, dauerhaft glücklich zu werden, muss man es vorher geschafft haben, empathisch zu sein, damit man offen ist für die Stücke, die das Leben auf der eigenen Lebensbühne zu spielen gedenkt.

Daraus entsteht Mitgefühl mit sich und der Welt, es entsteht Akzeptanz und Annahme und der Mut der Kraft, aus allem etwas Positives entstehen lassen zu können.

Es ist die Fähigkeit, im Dunkel das Licht zu sehen und nicht verzweifeln zu müssen, da man seine Gefühle teilen kann und die Gewissheit erlangt, dass man nicht alleine ist. Egal in welchem Boot man gerade sitzt, es gibt viele Menschen, die dasselbe Boot bestiegen haben, und das Gefühl der Energie der gegenseitigen Unterstützung hilft allen weiter.

Kein Lebewesen in seinem Leid alleine zu lassen und allen die Möglichkeit zu geben, nach vorne zu blicken, ist ein Talent, das in uns allen schläft und darauf wartet, von uns geweckt zu werden, um die Welt zu einem besseren Ort werden zu lassen. Und genau aus diesem Grunde wurde dieses Buch geboren, es ist hier auf diese Erde gekommen, um uns zum Nachdenken anzuregen.

Es soll den Lesern ein Lachen in die Seele zaubern und Hoffnung auf ein besseres Morgen schenken.

Es verspricht die Gewissheit, dass nichts so bleibt, wie es ist, alles unterliegt einem Wandel und man besitzt die Zauberkraft der eigenen Energiemagie, mit deren Hilfe man alles positiver gestalten kann. Es soll allen Menschen die Kraft schenken, an das Gute zu glauben und nach Wundern Ausschau zu halten. Auch wenn man sich in einem Lebenstal befindet, wird es wieder bergauf gehen und die Traurigkeit wird ausziehen.

Manchmal ist es jedoch schwer, dies vor lauter Verzweiflung erkennen zu können, wenn die Mutlosigkeit und die Angst einen beherrschen und den Blick nach vorne versperren.

Doch gerade in diesen Momenten sollte man füreinander da sein und einander helfen, wenn die bösen Geister kreisen, denn das Mitgefühl anderer Menschen hilft der eigenen Seele wieder einen neuen Horizont zu finden und zu erkennen, dass die Dunkelheit der Traurigkeit durch positive Energie ihre Macht verliert.

In jedem von uns lebt der Zauber dieser Energie, die Dinge zu verändern und besser werden zu lassen.

Lasst uns gegenseitig diesen Zauber in uns wecken und am Leben halten, so ist dieses Buch ein Hoffnungssender, Krisenabwender und Freudenspender.

Ich wünsche mir eine Welt, in der kein Lebewesen mehr hungert und friert, keiner sich mehr alleingelassen fühlt und ratlos vor Angst ist. Eine Welt, in der Mitgefühl ganz vorne steht und die Achtung für den anderen über allen Dingen schwebt.

Eine Welt, in der jedes Leben gleich viel zählt und jeder kommende Tag diese Welt verbessern mag.

Dieses Buch ist mein Anfang für diese wundervolle Wunderwunschwelt.

Und so wünsche ich mir weiter, dass Ihr alle mit der Kraft Eurer Energie Euer Glück findet und füreinander da seid. Dass jeder sich in sein Gegenüber hineinversetzen kann und dadurch langsam alles Schlechte und Negative von diesem Planeten verschwinden mag.

WILLKOMMEN IN MEINER WELT!
MACHT ALLE MIT, UND WIR MACHEN SIE, WIE SIE UNS GEFÄLLT!

Deshalb lasst uns einander immer Hoffnung auf ein besseres Morgen schenken, nicht nach dem eigenen Vorteil fragen und vor Problemen nicht verzagen.

Lasst uns ineinander das Schöne erkennen, die Freude benennen und uns nicht mehr trennen. Das, was in keinem schlagenden Herzen fehlen darf, ist die Hoffnung auf ein besseres Morgen ohne Sorgen.

Komm und schau, was alles in der **Hoffnung** steckt, damit Du es weckst:

H – ilfe

O – ptionen

F – ürsprache

F – undus

N – utzen

U – nterstützung

N – ähe

G – lück

Solange es **Hilfe** und **Optionen** gibt, gibt es die Chance der **Fürsprache** untereinander füreinander. Diese lässt einen unendlich großen **Fundus** an Möglichkeiten entstehen, den es zu **nutzen** gilt, so kann mit **Unterstützung** und **Nähe** das **Glück** wieder überall einziehen.

Mach Dir diese Erkenntnis zu eigen und trage sie hinaus in die Welt, lass überall dort, wo Du bist, die Freude einziehen und die Menschen ein Lächeln im Gesicht tragen. Sei selbst der Mensch, den Du Dir als Freund wünschst, und zieh somit diese Menschen an.

Dann wird die Welt schon ganz bald zu einem schöneren Ort.

REGENBOGEN IN MIR

Da gibt es diesen Regenbogen in mir,
dessen Magie ich nie verlier,
seinetwegen bin ich hier,
um seinen Zauber vorzustellen,
die Welt zu erhellen
und Wunder zu bestellen.
Schenkt mir bitte etwas Zeit
und macht eure Herzen weit,
vergessen wird so alles Leid.
Große Wunder werden kommen,
mein Geist hat es schon lang vernommen,
gemeinsam können wir es hinbekommen.
Lasst uns einander Freude schenken
und das Leben in die schöne Richtung lenken.
Denn dann werden wir wieder alle glücklich sein
und keiner ist mehr allein.

Das Gefühl, anderen Menschen Freude und Hoffnung schenken zu können, gehört zu den schönsten und positivsten Gefühlen hier auf dieser Welt.

LASS VON NUN AN AUCH DU ES ZU DEINEM LIEBLINGSGEFÜHL WERDEN, DAMIT ES EINZIEHEN KANN HIER AUF ERDEN, DENN DANN SIND WIR ZUSAMMEN ZWEI UND WERDEN BALD AUCH DREI UND VIER ...
UND DAFÜR SIND WIR HIER.

FREIHEIT MEINER DASEINSFREUDE

In einem jeden von uns lebt er, der Traum der großen Freiheit, der der Seele Flügel wachsen und das Herz tanzen und höherschlagen lässt.

Dieser Traum gehört in unser aller Leben und wird der ständige Sehnsuchtsbegleiter auf unserer Lebensreise sein.
Für jeden von uns ist es wichtig, Träume zu haben, und jeder Traum bedeutet am Ende ein Stück Freiheit. Ohne Träume wäre der Mensch nur eine ideenlose, leblose Hülle, die ein Pflichtprogramm vollziehend vor sich hin vegetieren würde.
So ist es ein tiefer innerer Wunsch eines jeden von uns, schwerelos und unabhängig zu sein, sich von den lähmenden Verpflichtungen des ständigen Alltagsgraus zu befreien und auf die Melodie der eigenen Seele zu hören.
Wir alle streben im Leben danach, uns frei zu fühlen, und es gibt nichts, was uns mehr in die Enge treibt, als das Gefühl, eingesperrt in einem Käfig zu sitzen, auch wenn dieser golden ist.

Die Fesseln von Verpflichtungen und Erwartungen lassen uns unsere Leichtigkeit verlieren und geben uns das Gefühl, in die Tiefe gezogen zu werden. Unser Atem wird schwer und unsere Gedanken werden grau.
Viel zu oft vergessen wir Menschen allesamt, dass die Freiheit zur Entfaltung der eigenen Persönlichkeit ein Grundrecht ist.

Dieses so wichtige Grundrecht hat durch zu viele Verpflichtungen und Regeln ein paar hässliche Kratzer und Löcher bekommen, die es zu reparieren gilt, da sie ansonsten unser Dasein unglücklich machen.

Allen Lebewesen ist es gleich, das Gefühl der Freiheit! Kein Geschöpf kann in Gefangenschaft unendlich glücklich werden.

Ein jeder braucht einen freien Blick Richtung Horizont und ein jeder arbeitet auf seine Weise daran, die Wolken, die diesen Blick versperren, zu vertreiben.

Es sei denn, man resigniert, doch Resignation ist ein stückchenweiser Tod des eigenen Seelenpotentials, des eigenen Selbst. Das „Ich" lebt zwar weiter, doch die Seele verkümmert langsam immer mehr.

Auch ist es folgenschwer, sich selbst zu belügen und das eigene Freiheitsglück immer nur auf später zu verschieben. Denn wer immer nur an später denkt, wird es nie schaffen, im Hier und Jetzt der Zufriedenheit zu begegnen, er wird sich getrieben und fremdbestimmt vorkommen und sich in sich selbst verlieren.

Ein jeder sollte sich darüber klar werden, dass das Leben immer nur in der Gegenwart stattfindet und dass die Vergangenheit vergangen und die Zukunft zwar von der Gegenwart bestimmt, doch immer erst nach der Gegenwart stattfinden wird.

Uns allen fehlt es an Achtsamkeit für den Augenblick und einem Stillstand des sich ständig drehenden Gedankenkarussells, um den Augenblick der Gegenwart zu genießen.

Wir verschieben zu viele Dinge, die die Seele zum Atmen braucht, auf später, dies lässt uns wie ferngesteuert wirken.

Dadurch bestimmen nicht wir die Dinge und somit unser Leben, sondern die Dinge beginnen uns zu bestimmen und nehmen Einfluss auf unser Leben, den wir gar nicht wünschen.

Wir vertagen, verschieben, verzögern und stellen zurück, ohne zu beachten, dass unser jetziges Erdensein in dieser Form nicht für ewig Bestand haben wird.

Viel lieber sollten wir uns klarmachen, dass irgendwann doch irgendwie zu oft nur ein anderes Wort für NIE ist!

Denn nur eins ist gewiss, irgendwann wird es zu spät sein.

Verschiebe aus diesem Grunde Deine wichtigen Herzensangelegenheiten nicht auf später, nimm Dir die Zeit, für Deine Lieben da zu sein und schöne Augenblicke mit ihnen zu genießen, die Zeit wird an Dir vorüberziehen und sie wird immer das hinterlassen, was Du aus ihr gemacht hast.

Nutze die Zeit, nutze die Möglichkeiten, denn das letztendlich ist die eigentliche Freiheit Deines Seins.

Die Möglichkeiten zu erkennen und die Chancen, die sich aus den verschiedenen Möglichkeiten ergeben, in das eigene Leben einzubauen.

Somit ist es wichtig, auf seine Träume aufzupassen, ihnen Raum und Zeit zu geben, damit sie im Hier und Jetzt wachsen und Wirklichkeit werden können, damit die Seele etwas hat zum Glücklichsein.

Jeder von uns hat Verpflichtungen, doch wir müssen aufpassen,

dass wir unseren Geist nicht zu Tode teilen, wenn die Verpflichtungen immer mehr und der Spaß immer weniger wird.

So schenk Deinem inneren Kind jeden Tag ein paar Minuten, um seine Flausen zu betrachten, auf dass immer genügend Chaos in Dir ist, aus dem etwas Wundervolles entstehen kann.

Denn dieses wundervolle Chaos in Dir ist Deine eigene Kreativität, die Dich jeden Tag aufs Neue darum bittet, ihr etwas Aufmerksamkeit zu schenken, damit sie ein neues kleines Wunder gebären kann.

Denn Deine Freiheit drückt die Qualität Deines Lebens aus. Sie ist die Form, aus der letztendlich alles entstehen wird.

Freiheit ist etwas, das man nicht mit eingrenzenden Worten oder Handlungen beschreiben kann, Freiheit ist etwas, was der Mensch zum Leben braucht, so wie Sauerstoff und Nahrung.

Freiheit ist eine Form für Phantasie, eine Form für Kreativität, eine Form aller Möglichkeiten, die Tiefen der eigenen Seele zu erkennen und sich sein eigenes Sein zu erdenken.

Denn die Freiheit der Seele gibt einem die Kraft, sich über Grenzen zu erheben, die das eigene Leben einengen.

Die eigene Freiheit gibt uns die Möglichkeit, sich dem zu entziehen, was unsere Seele hindert zu wachsen, die Räume zu erkennen, die man Möglichkeiten nennt, um daraus etwas Wundervolles im Leben zu gestalten.

Die Selbstbestimmung und die Autonomie stehen im Mittelpunkt unseres Lebens und können mit Hilfe unserer eigenen Vernunft auch unsere eigenen Freiheitsideale enthalten.

Wichtig ist es, der eigenen Seele treu zu sein, denn auch darin liegt ein großes Stück Freiheitsdenken verborgen.

Freiheit ist die Gewissheit in unserem Inneren, die Wahl zu haben, eigenständig Entscheidungen treffen zu können und keinen Zwängen zu unterliegen.

Freiheit erst gibt uns die Möglichkeit, die eigene Persönlichkeit zu entfalten und dadurch unsere ganz eignen Lebensziele erreichen zu können.

Für jeden Menschen bedeutet Freiheit etwas ganz Persönliches und Individuelles, auch wenn sie zum Schluss ein Gefühl widerspiegelt, das in uns allen lebt und das Fundament des Glücks darstellt.

Und um genau dieses **Gefühl** geht es im Leben.

G – lück
E – hrlichkeit
F – aszination
Ü – berblick
H – armonie
L – eichtigkeit

Wenn man auf der Suche nach **Glück** die pure **Ehrlichkeit** der eignen Seele findet, wird man mit großer **Faszination** feststellen, dass man nur den **Überblick** des Herzens braucht, um die **Harmonie** der **Leichtigkeit** leben zu können, die Freiheit heißt!

Mach Dir genau diese Erkenntnis der Leichtigkeit zu eigen, dann werden sich in Deinem Leben Probleme auflösen, sodass die innere Zufriedenheit in Deiner Seele wohnen kann, und mit ihr werden Glück und Harmonie einziehen.

FREIHEIT MEINER SEELE

In mir lebt ein Gefühl,
das sich Freiheit nennt
und meiner Daseinsfreude entgegenrennt.
Es tanzt mit meinem Lachen,
wohnt in meinem Bauch
und singen kann es auch.
Es lässt mein Herz hüpfen,
die Augen leuchten,
als bräuchten sie nichts mehr
als nur ein wenig Sonnenschein
zum endlos glitzernden Glücklichsein.
Die Freiheit ist mein Lebenssinn,
ist so tief mitten in mir drin,
sie macht meine Seele weit,
gibt meinen Ideen Geleit
und spannt meine Flügel breit.
So kann ich fliegen mit dem Wind,
unbändig glücklich sein wie ein Kind.
Ich nehme alles Schwere leicht,
weil die Freiheit den Farben meiner Seele gleicht
und alles Böse von mir weicht,
so bin ich unendlich reich!

In der Freiheit liegen alle Möglichkeiten und Chancen des Lebens versteckt, lerne sie zu nutzen und genieße Deine Zeit hier auf Erden.

Sei gut zu Deiner Seele und werde Dir auch klar darüber, dass man im Leben genießen können sollte, denn wer nichts genießen kann, der wird mit der Zeit selbst ungenießbar.

DIE FREIHEIT IST EIN SO HOHES GUT, SIE TUT UNSREM LEBEN GUT, GIBT UNS IMMER FRISCHEN MUT, DARUM GIB IHR IHREN PLATZ, ERWÄHNE SIE IN JEDEM SATZ, LASS DEINER SEELE FLÜGEL WACHSEN UND SCHREITE MIT EINEM LACHEN DURCH DIE LEBENSGASSEN.

LEICHTIGKEIT MEINES LEBENSGEFÜHLS

Unsere Lebensreise kann so herrlich sein, wenn wir das Schöne erkennen und die Leichtigkeit beim Namen nennen.

Unterwegs mitten in unserem Leben sehen wir oft nicht, dass wir den falschen Zielen und Idealen hinterherjagen. Auch dann nicht, wenn alles schiefgeht und in jeder Blickrichtung eine Mauer uns den Weg versperrt.

Wir versuchen Dinge zu verwirklichen, die nicht in unser Leben passen; Ziele zu erreichen, die nicht auf unserem Lebensplan stehen …

und das alles, weil wir viel zu sehr mit Kleinigkeiten im Außen beschäftigt sind, anstatt in uns hineinzuhören und uns selbst die Chance zu geben, mehr und mehr zu erkennen, was wirklich wichtig im Leben ist.

Denn dem eigenen Geist wird vieles erst klar, wenn er in den Rückspiegel schaut.

Dann nämlich, wenn Jahre vergangen sind und wir reflektieren, dass im Grunde alles zu unserem Besten gelaufen ist, auch wenn wir persönlich mit vollem Körpereinsatz dagegengehalten haben.

So wird es uns letztendlich besser spät als nie bewusst, dass die himmlischen Mächte uns führen und alles zu unserem höchsten Wohle gestalten möchten. Doch leider ist es nicht immer so einfach, dies erkennen zu können, erst recht nicht, wenn wir in die falsche Richtung rennen. Dabei ist das Glück doch wie das Wasser, es durchströmt und fließt in die ganze Welt und dadurch ist es überall.

Es ist überall und nirgends und kann nicht eingefangen werden,
wenn man es am Fließen halten will, sonst reißt der Strom des Glücks ab. Und genau hier kommt die liebe „Leichtigkeit" wieder ins Spiel,
denn all die Dinge und Situationen, denen wir im Leben mit Offenheit, Freude und Leichtigkeit begegnen werden, werden uns das Leben verschönern und unser Glück am Fließen halten.

Doch die Lebensabschnitte, denen wir mit Groll, Argwohn und Wut begegnen, werden sich wie ein Stachel in unser Dasein bohren und Schmerzen bei jeder Bewegung hinterlassen.

In unserem Menschenleben gilt es die Balance zwischen Leichtigkeit und Ernst zu finden, so dass wir auch in schwierigen Situationen das Leben als lebenswert ansehen können.

Zwar macht zu viel Leichtsinn unser Leben schnell leichtsinnig, doch zu viel Ernst raubt uns auf Dauer jegliche Lebensfreude.

Wenn man das eigene Leben in die richtige Richtung lenken möchte,
sollte man in erster Linie anfangen wieder mehr Kontakt zur eigenen Seele aufzunehmen und nicht so sehr auf das Außen, sondern das eigene
Innere achten.

Ist dieser erste Schritt getan, passiert es in ganz vielen Fällen wie von Geisterhand, dass sich einem plötzlich ganz neue Wege eröffnen und man nur die Bereitschaft besitzen muss, diese auch zu gehen.

Vieles geschieht wie von selbst, wenn man aufhört, gegen Windmühlen zu kämpfen, die momentane Lebenssituation akzeptiert und nach vorne schaut. Denn dann kommt die Leichtigkeit, streckt ihre kleine Hand aus und nimmt uns bei der selbigen. Sie zeigt uns mit Frohsinn und Lachen im Gemüt,
wie einfach es doch sein kann, wenn man seine Kraft in Dinge steckt,
die auch zum Erreichen des eigenen Lebensplans gehören, anstatt sich mit Dingen zu beschäftigen, die einen nur zurückwerfen und der Seele Kummer bringen.

Kennt Ihr auch diese Menschen mit den leuchtenden Augen? Oft sind es gar nicht diejenigen, die das Leben auf Rosen gebettet hat, sondern die, die schwere Schicksalsschläge aushalten mussten.

Doch sie haben die Unbekümmertheit und Mühelosigkeit der Leichtigkeit gelernt und zu ihrem größten Schatz gemacht. Diese Fähigkeit nennt man auch Resilienz, sie schlummert in einem jeden von uns und wartet nur darauf, aufgeweckt zu werden.

Sie ist eine unendlich wundervolle Kraft, auf die wir in unserm Leben bauen können und die uns helfen wird, immer wieder aufzustehen, egal was uns auch geschieht.

Alles im Leben hat seinen eigenen Magnetismus und unterliegt somit ausgleichenden Kräften: Man wird immer das anziehen, was man auch ausstrahlt ... Wenn doch nur alle Menschen dieses Geheimnis kennen und für sich nutzen würden, was wäre diese Erde für ein himmlischer Ort.

Sei Dir bewusst, nur wenn Deine Gedanken gut und rein sind, können sie auch Dinge in Dein Leben ziehen, die die gleichen Eigenschaften haben.

Wenn Du Schönes ernten möchtest, kannst Du keinen Hass säen.

Bleiben wir beim Beispiel des Wassers, seien wir unser eigener Fluss und halten unser Leben mit Freude am Fließen, nutzen wir jede Chance und hören auf unsere Seele.

So werden wir die Erkenntnis der Leichtigkeit gewinnen, damit wir mit ihrer Hilfe uns dem Fluss des Lebens hingeben und besser verstehen lernen, dass, wenn Hindernisse auftauchen, es das Klügste ist, diese zu umfließen.

Es bringt nichts ein, stets mit dem eigenen Kopf durch die Wand zu wollen, denn in den meisten Fällen entsteht so nur ein Dachschaden und die Wand bleibt als Hindernis stehen.

Wenn wir lernen, diese einfache Regel zu beherzigen, und dadurch lernen, in Fluss zu bleiben, uns ein Beispiel am Wasser zu nehmen, dann fließt das Leben und das eine Glück kommt zum anderen.

Verändere das, was Du verändern kannst und verändern möchtest, und nimm an, was Du nicht verändern kannst, und schau Dein Leben mit neuen Augen an. Alles fügt sich zu den wunderbarsten Wegen.

Sieh bitte ab heute in keinem Problem mehr ein solches, sieh ab heute in jedem Problem eine Chance, Dein Leben noch schöner und besser zu gestalten. Du wirst sehen, wie so nach und nach was ganz kurios Eigenartiges passiert, denn Du wirst beginnen, Dich über Probleme zu freuen, da in ihnen viele neue Möglichkeiten zur Verbesserung Deines Lebens wohnen.

Wenn wir Leichtigkeit in unser Leben lassen, dann gibt sie uns die Erlaubnis, alle Dinge, die auf uns zukommen, auch leichtzunehmen, der Druck weicht von uns, und nur so kann die Freude wieder ihren Platz in unserem Leben einnehmen. Wir erkennen es daran, wenn wir wieder anfangen uns leichter zu fühlen, weil wir spüren, dass der große Druck, der unser Herz umgab, vergeht. Doch bedenke, Leichtigkeit ist keine einmalige Entscheidung, Leichtigkeit sollte zu Deiner Lebenseinstellung werden, so dass Du lernst, Dich jeden Tag bewusst für den leichten Weg zu entscheiden.

Mach Dir klar, dass Du nicht länger den Gegenwind aushalten musst, sondern dass Du ruhig Rückenwind genießen kannst.

All das wird Dir gelingen, wenn Deine Seele verstanden hat, dass die eigentliche Mühelosigkeit der Zauber der Leichtigkeit ist, denn immer wenn etwas wie von selbst zu laufen scheint, dann bist Du auf genau der richtigen Straße Deines Lebens unterwegs, ohne Umwege und ohne Baustellen.

Verschreibe Dich somit der **Mühelosigkeit,** um die Leichtigkeit in Dein Leben Einzug halten zu lassen, damit alles zusammenfließen kann.

M – otivation
Ü – berall
H – erz
E – uphorie
L – achen
O – ptimismus
S – eele
I – dee
G – lück
K – reativität
E – rfreut
I – nspiration
T – reu

Wenn **Motivation überall** ist und das **Herz** vor **Euphorie** zu **lachen** beginnt, wird der **Optimismus** die **Seele** nie mehr verlassen. Jede **Idee** wird zum **Glück** der **Kreativität** und **erfreut** so die **Inspiration**, sich selbst **treu** zu bleiben.

Wenn Du diese Erkenntnisse einmal für Dich gewonnen hast, kann Dir so schnell nichts mehr passieren, alles ist in den ureigenen Fluss Deines Lebens gekommen und wird Dich nicht mehr verlassen, wenn Du mit Mühelosigkeit die Leichtigkeit bittest, in Deinem Leben eine Rolle zu spielen.

LEICHTSINNSBITTE

Ich hab nur eine Bitte,
ich brauch mehr Leichtsinn für meine Mitte.
Mehr Freude für meine Euphorie,
so vergeht das Lachen nie.
Kann nach all dem Schönen blicken
und im Stillen Grüße schicken.
Werd der Welten Fröhlichkeit erkennen
und die Verrücktheit beim Namen nennen.
So lachen meine Tage vor sich hin,
da ich weiß, wer ich bin.
Deshalb wünsch ich einem jeden Leichtigkeit im Blut,
denn diese tut uns allen gut.
Und so denkt an meine Bitte:
Und bleibt mit dem Sinn der Leichtigkeit
in eurer Mitte,
dann kommen viele Grüße von der Bitte,
ganz gezielt in eure Mitte.

Das Leben wird immer so wundervoll zu Dir sein, wie Du es ihm erlaubst, also beginne großzügig mit der mühelosen Leichtigkeit umzugehen, solange sie nicht zum kopflosen Leichtsinn wird. So hast Du es wieder geschafft, ein weiteres Geheimnis des Lebens Dein Eigen zu nennen.

LASS MIT FREUDE VON NUN AN DIE LEICHTIGKEIT IN DIR BRENNEN, DANN WIRST DU ALL DAS SCHÖNE IM LEBEN ERKENNEN, DU MUSST DICH NUR VON ZU GROSSER ERNSTHAFTIGKEIT TRENNEN.

SEELENGLÜCK MEINER DANKBARKEIT

Damit uns auf unserem Erdenweg die Sonne scheint und das Glück einziehen kann, ist es unverzichtbar, eine innere Zufriedenheit sein Eigen nennen zu können.

Diese Zufriedenheit lebt in uns, und wie wir alle wissen, werden wir die Welt im Außen immer so vorfinden, wie wir sie uns selbst in unserem Inneren gestalten.

Sind wir also im Inneren zufrieden, so wird sich dies auf unser äußeres Leben übertragen und wir werden das anziehen, was wir auch ausstrahlen.

Doch wie funktioniert sie, diese Zufriedenheit und Ausgeglichenheit?

Wodurch hält sie Einzug in unser Leben?

Im Grunde ist es ganz einfach, all dies geschieht durch „Dankbarkeit".

Dankbarkeit für die vielen kleinen Wunder und Glücke, die uns in unserem Leben begegnen.

Wenn wir anfangen, diese als nicht selbstverständlich hinzunehmen, sondern uns bewusst machen, welche Fülle in unserem Leben vorherrscht, wird uns klar, dass nichts selbstverständlich ist und dass wir eigentlich viel dankbarer sein könnten für Dinge, die wir mit einer Selbstverständlichkeit hinnehmen wie den Wechsel zwischen Tag und Nacht.

Denn selbstverständlich ist so gut wie nichts im Leben, darüber sollten wir viel öfter nachdenken und uns mehr Zeit für die Reflexion der eigenen Seele nehmen.

Dadurch entsteht eine wundervoll warme Emotion, die sich einem als Gefühl der Dankbarkeit vorstellt. Sie löst in unserem Gehirn die Produktion von Glückshormonen aus. Diese Flut positiven Seins lässt in unser Leben automatisch mehr Zufriedenheit fließen, was dazu führt, dass sich unser Körper gesünder anfühlt.

Wie gut wäre es doch, wenn wir unsere Energie ausschließlich dafür nutzen würden, nach den schönen Dingen zu suchen, um dadurch auf der Welle des Glücksgefühls zu surfen.

Leider schauen viele von uns im Alltag jedoch auf alles Negative und ziehen sich selbst nach unten, indem sie diesen negativen Sog auch noch bei jeder sich ihnen bietenden Möglichkeit in den Vordergrund stellen und nur das Negative plakatieren.

Viel schöner und gesünder ist es jedoch, sich mit einfachen Ritualen täglich immer wieder neu vor Augen zu führen, für wie viele Dinge man doch dankbar sein kann. So gelingt uns durch diese einfache Dankbarkeitsübung eine Erschließung von immer neuen Kraftquellen, die uns zufrieden und geborgen machen.

Somit ist Dankbarkeit so etwas wie ein echtes Powergefühl, mit dem wir uns zu jeder Zeit und an jedem Ort ganz ohne Nebenwirkungen boostern können. Es entsteht durch unsere Gedanken im Kopf und zieht aus durch die Wärme unseres Herzens.

Gleichgültig, in welcher Stimmung wir uns befinden, wenn wir uns nur mit der Liebe unseres Seins auf die vielen Dinge, für die es sich zu danken lohnt, konzentrieren, werden wir unsere Laune spontan aufhellen.

Ein Gefühl von echter Dankbarkeit wirkt wie eine Liebeserklärung an das Leben.

Aus diesem Grunde ist es ein wundervolles Ritual, jeden Morgen beim Aufstehen über die drei folgenden Punkte nachzudenken:

−   **Wofür bin ich dem gestrigen Tag dankbar?**
−   **Wofür werde ich dem heutigen Tag dankbar sein?**
−   **Wofür möchte ich in Zukunft dankbar sein dürfen?**

Dadurch, dass wir anfangen zu suchen, wo Dankbarkeit überall sein kann, wird sie uns begegnen, wir erkennen sie besser und ziehen sie automatisch an.

So erfüllen wir uns mit einem Gefühl der Fülle und der positiven Erwartung, und diese Emotionen werden das Tor für das zukünftige Glück unseres Lebens öffnen.

Dankbarkeit wird dadurch zu unserer ureigenen Charakterstärke, die uns strahlen lässt. Wir wirken positiver und freudiger auf unsere Mitmenschen, und diese fühlen sich wiederum mehr von uns angezogen.

Dankbarkeit wird zu unserer eigenen geheimen Ressource und hilft uns resilienter und positiver durchs Leben zu gehen, gerade wenn auch einmal schwerere Zeiten kommen.

Wenn wir die Wertschätzung der Dankbarkeit gelernt haben und diese zu nutzen wissen, werden wir im Stande sein, uns selbst auch in schwierigen Situationen Halt zu geben.

Natürlich ist es unmöglich, in jeder Lebenssituation Dankbarkeit empfinden zu können, es ist ab und zu auch wichtig, negative Gefühle sein Eigen zu nennen, denn nur so erhalten wir auch den Wunsch nach schönen Emotionen aufrecht, denn jegliche Gefühle leben vom Kontrast.

Denn nur wer weiß, wie sich tiefe Traurigkeit anfühlt, kann auch ein starkes Glücksempfinden entwickeln und dafür dankbar sein.

Somit geht es im Leben darum, die Haltung der Dankbarkeit zu üben, sie in das eigene Sein zu integrieren und zu einem Automatismus werden zu lassen.

So werden wir uns mehr und mehr gestärkt und dankbar fühlen für das, was ist, durch die Erkenntnis, dass das Leben uns nichts schuldet und wir der eigentliche Designer unseres Lebens sind.

Die Dankbarkeit ist der wesentliche Schlüssel für ein erfülltes und zufriedenes Leben, in das das Glück Einzug halten kann.

Wenn man anfängt, mehr „Danke" zu sagen, wird man merken, dass diese fünf kleinen Buchstaben eine Zauberwirkung haben.

Sie zaubern dem Gegenüber ein Lächeln ins Gesicht und geben ihm ein positives Gefühl, das augenblicklich wieder auf einen selbst zurückstrahlt.

Die Konzentration auf das Positive im Leben lässt dieses wachsen und bereichert es.

Dankbarkeit hat viel mit Anerkennung zu tun, denn nur derjenige, der die schönen Seiten des Lebens anerkennt, kann diese genießen und lässt dadurch die innere Zufriedenheit bei sich einziehen, die ein Glücksgefühl entfacht. Lass die **Anerkennung** in Dein Leben rein, dann wirst auch Du zufrieden sein.

A – ufmerksam

N – euheiten

E – infühlend

R – espektvoll

K – onsequenz

E – rfüllt

N – atürlichkeit

N – achdenklich

U – neigennützig

N – achhaltigkeit

G – eschenk

Wenn man im Leben **aufmerksam** die **Neuheiten** betrachtet, diese **einfühlend** und **respektvoll** behandelt, wird dies zur Lebens-**Konsequenz**. Dadurch wird man **erfüllt** von **Natürlichkeit**, die einen **nachdenklich** und **uneigennützig** werden lässt, damit man mit **Nachhaltigkeit** das **Geschenk** „Leben" genießen kann, denn darin liegt alle „DANKBARKEIT" versteckt!

Lass den Vorhang der Selbstverständlichkeiten fallen und erkenne alle wundervollen Menschen, Tiere und Dinge, die Dein Leben bereichern, so bleibt Deine Seele jung und freudig.

KLEINKINDERGLÜCK

Kleinkinderglücklich ist mein Sinn,
weil ich in ihm zuhause bin.
Glücksnärrisch und kuchenkrümelsüß,
bin ich vom Leben nie betrübt.
Möchte vor Dank für mein Sein überlaufen,
hab vom Glück 'nen großen Haufen,
durch das Geschenk der Dankbarkeit
bin ich für das Schöne im Leben bereit.
Will meinem Dasein „Danke" sagen,
mich erfreun an seinem Sein,
dann kommt auch kein Unglück rein.
Die Dankbarkeit stets in mir wohnt,
damit sich freudig mein Leben lohnt.
Da sag ich glückstrahlend „Dankeschön"
und lache in des Lebens Höhn,
so mach ich mir das Leben schön.

Sich durch Anerkennung mit Dankbarkeit am Leben erfreuen zu können, lässt die innere Zufriedenheit wachsen und das Glücksgefühl einziehen.

KOMM UND SEI DANKBAR VON HEUTE AN,
DANN KOMMST DU BEIM GLÜCK AUCH DIREKT DRAN
UND IRGENDWANN WIRD JETZT, SO FÜHLST DU DICH NICHT
MEHR GEHETZT.
DIE FREUDE ZIEHT DANN BEI DIR EIN, SO WIRD DEINE SEELE
IMMER GLÜCKLICH UND ZUFRIEDEN SEIN.

CHAOSLIEBE MEINER ORDNUNG

Überall im Leben kann man Chaos finden, mal im Kleinen, mal im Großen ... mal im Innen, mal im Außen.

Das Chaos ist überall und wartet nur auf seine Gelegenheit, dem Tohuwabohu freien Lauf zu lassen.

Doch schaut man sich das Chaos genauer an und betrachtet es nicht nur oberflächlich, dann ist Chaos fast immer ein wundervoller Vorbote einer neuen Ordnung und eines neuen Anfangs.

Denn jegliche Neuordnung und jede neue Idee kann erst durch das Chaos geboren werden.

Struktur und Lebendigkeit werden dem Leben durch Chaos geschenkt.

Denn gäbe es kein Chaos, dann gäbe es auch keine Struktur.

Man braucht immer ein gegensätzliches Paar, um das Gefühl eines Zustands voll erfassen zu können. Dies gilt im Positiven wie im Negativen, so leben wir von der Gegensätzlichkeit, die es uns erst ermöglicht, jeglichen Zustand vollumfänglich durch seinen Gegensatz erfahren zu können.

Aus diesem Grunde sollten wir uns vor Chaos nicht fürchten, sondern es einladen und willkommen heißen, um mit den Möglichkeiten des Chaos die neuen Chancen für die Zukunft zu besprechen.

Wir sollten neugierig auf das Chaos werden und freudig schauen, was sich alles in ihm verstecken kann, denn kein Chaos kommt zufällig in unser Leben.

In jedem noch so kleinen Chaos steckt für uns die Chance zu wachsen und unserem Selbst wieder ein Stück näher zu kommen.

Denn gerade im Chaos liegt die eigentliche Ordnung versteckt.

Alles im Leben beruht auf Ursache und Wirkung. Daher sollten wir genauer hinschauen und uns bewusst machen, dass wir selbst den Fahrplan für unser Leben in der Hand haben, wir müssen nur üben ihn zu lesen und vieles wird für uns so vorausschaubarer werden, da in uns selbst für vieles die Ursache versteckt liegt.

Wenn wir unserem Leben keinen Platz für Chaos bieten, stagnieren wir mitten auf dem Lebensweg, wir bleiben stecken und kommen nicht voran.

Chaos bedeutet immer den Zustand vor dem Schöpfungsakt, den Zustand, den man braucht, um in einen neuen Fluss und zu einer neuen Erkenntnis zu kommen.

Auch wenn es erst dunkel und verworren scheint, so kommt doch wieder ein neuer Tag mit Licht und Leichtigkeit, in dem alle Möglichkeiten versteckt liegen und nur darauf warten, von uns gefunden zu werden.

Infolgedessen wäre es so schön, wenn wir alle unsere Angst und Furcht vor dem Chaos ablegen könnten, denn im Grunde genommen ist es nur der Vorbote einer neuen, besseren und schöneren Ordnung, die uns in unserem Leben erwartet.

Jedes Chaos ist eine Art kleine Lebensprüfung, die man im Fluss des Lebens bestehen muss, damit man das Spiel des Lebens auf der nächsthöheren Stufe weiterspielen kann.

Chaos macht uns kreativ und erfinderisch, es weckt unsere Schaffenskraft, die Bequemlichkeit des heimatlichen Sofas zu verlassen, um die Welt noch einmal mit ganz anderen Augen zu sehen und den tieferen Sinn unseres Lebens zu suchen.

Es fordert uns auf, mit mehr Leichtigkeit das Leben zu betrachten und alte Sichtweisen abzulegen, um die neuen Chancen nicht ungenutzt vorbeiziehen zu lassen.

Es hält uns jung und flexibel, damit kein Starrsinn in unserem Leben Platz findet.

Chaos bringt uns zum Nach- und Umdenken, es schenkt uns Ideen und lässt uns spontan und offen für Neues werden; wenn wir uns auf das Spiel des Chaos einlassen und lernen, es meisterlich zu spielen, werden wir der Designer unseres eigenen Lebens werden.

Manchmal ist es wichtig, seine alten Ansichten über das Leben zu verlieren, damit es Platz gibt für eine neue Sicht und Ordnung der Dinge.

Man muss seinen alten festgefahrenen Standpunkt erst verlassen, um einen neuen Horizont erkennen zu können, und oft ist zwischen Alt und Neu ein heilloses Durcheinander, das einem Haufen loser Enden gleicht.

Diese Enden wollen von uns mit einer neuen Ordnung und Wertigkeit versehen werden, die darin verborgenen Möglichkeiten wollen erkannt und genutzt werden, um in unserem Leben eine neue Geschichte schreiben zu können.

Dadurch kann Chaos uns von allzu festgefahrenen Ansichten erlösen und gibt uns die Freiheit, die eigene Weltsicht zu überdenken und zu verändern.

Chaos ist kein Zustand, der Regeln folgt, Chaos bringt vielmehr neue Regeln mit sich. Es ist unmöglich, mittendrin ein enges Muster zu erkennen, oft muss man sich treiben lassen, um zu einer neuen Klarheit und Vorstellung von den Dinge zu gelangen. Der Fluss des Lebens nimmt uns buchstäblich mit und gestaltet alles neu.

Der Fluss spült uns in ein Meer der Möglichkeiten, die von den Menschen erkannt werden, die offen und ohne Angst der Zukunft entgegenblicken.

Diejenigen jedoch, die sich angstvoll an die Vergangenheit klammern und nicht loslassen wollen, müssen aufpassen, dass sie nicht ertrinken.

So ergibt sich die Tatsache, dass man Chaos mit keiner theoretischen Formel beschreiben oder gar berechnen kann. Das Chaos ist und bleibt sein eigener Herr, denn sonst wäre es kein Chaos mehr.

Deshalb ist das totale Chaos für die „Chaosforschung" im Prinzip uninteressant – sie interessiert sich vielmehr für die Ordnung im vermeintlichen Chaos, oder besser ausgedrückt, für die Neuordnung, die das Chaos mit sich bringt und die überhaupt erst möglich geworden ist, durch das vorher herrschende Chaos.

Also ist Chaos wie bereits gesagt im Grunde immer nur ein Übergang zu einer neuen Ordnung.

Es liegt an uns allein, diese neue Ordnung auch zu einer besseren Ordnung werden zu lassen, indem wir gestalterisch daran teilnehmen und im Fluss bleiben.

Wir haben dank unseres eigenen Willens und der Kraft unserer Vorstellung einen Gestaltungs- und Handlungsspielraum – egal wie groß das Chaos auch scheint. Wenn wir uns dessen bewusst werden, können wir alles in die von uns gewünschte Richtung steuern, dahin, wo wir die Fröhlichkeit, die Freude und das Glück des eigenen Seins sehen.

Wir müssen uns nur von der Angst des Versagens befreien, von der Angst des Verlierens, die in der Vergangenheit hinter all dem Chaos versteckt gewesen ist. Wir müssen die Magie erkennen, die von einem wundervollen „Durcheinander" ausgehen kann, und unsere ureigene Möglichkeit, sie zu nutzen.

Genieße bewusst die Veränderung Deiner eignen Perspektive, die Deine bewussten und unbewussten Handlungen abwandelt und somit etwas ganz Wundervolles entstehen lässt.

Und genau um diese **Möglichkeit** geht es im Leben:

M – ut
Ö – fter
G – lück
L – eichtigkeit
I – deen
C – hance
H – offnung
K – lar
E – rkennen
I – dentifizieren
T – räume

Wir sollten den **Mut** haben, viel **öfter** das **Glück** genau dort zu suchen, wo wir keines erwarten. Denn dann wird uns die **Leichtigkeit** des Lebens immer wieder neue **Ideen** schenken, in denen die beste **Chance** unseres Lebens schlummern kann. So wird die **Hoffnung** nie ausgehen und wir werden **klar** unseren neuen Weg **erkennen** können und uns damit **identifizieren**, so werden unsere **Träume** wahr werden.

Es ist so wichtig, dass in einem jeden von uns ein wenig Chaos wohnt, das ihn auffordert, kreativ alle Lebensmöglichkeiten auszukosten und etwas Wundervolles aus dem Geschenk des Lebens zu gestalten.

CHAOS IN MIR

Da lebt ein Chaos in mir,
es ist immer hier,
egal wie viel man aufräumt, es geht nicht weg,
doch nur durch seine Existenz kommt man vom Fleck,
so hat es seinen Daseinszweck,
er ist ganz tief in mir versteckt.
Tief in ihm leben die neuen Ideen,
wollen sich von den Wirren des Durcheinanders befreien,
um in der Realität geboren zu sein.
Wenn man sich Zeit nimmt und sucht,
nicht über die innere Unordnung flucht,
wird man so viel Wundervolles finden
und neue Lebensansichten gewinnen.
Komm und freu dich über jedes kleine Chaos,
denn es ist nie aussichtslos.
Lass dich auf es ein,
dann kann es dir behilflich sein,
deinen eigenen Weg zu finden,
die Phantasie mit der Kreativität zu verbinden,
und alle Sorgen werden verschwinden.

So lebe Dein Chaos und freue Dich über seine Möglichkeiten, denn jedes Chaos ist ein Geschenk des Lebens, es ist nur leider unordentlich verpackt.

DAS CHAOS IST EIN WUNDERVOLLES DING, IN IHM STECKT SO VIEL NEUES DRIN. KOMM UND LASS ES ENDLICH RAUS, DANN NEHMEN DIE WUNDER IHREN LAUF. GLAUB FEST DARAN, DANN GEHT ES IMMER NUR BERGAUF.

TIERLIEBE MEINES HERZENS

In des Lebens Mitte braucht unser Dasein immer Verbundenheit, Treue und Liebe. Wir sehnen uns nach einem Zustand der Gemeinsamkeit, nach einem Lebewesen, das bedingungslos und mit Freude für uns da ist.

Denn leider sind wir Menschen oft nicht in der Lage, uns diesen Wunsch gegenseitig zu erfüllen, so wie das ein treuer Tierfreund tun würde.

Aus diesem Grunde lasst uns die Liebe unserer Tiere anerkennen und lernen, genauso für sie da zu sein, wie sie es für uns sind.

Lasst uns ein Herz für Tiere haben und erkennen, wenn sie in Not geraten und unsere Hilfe brauchen, lasst uns anfangen, nicht mehr wegzusehen, wenn ein Tier in Schwierigkeiten steckt, und lasst uns ein Mitgefühl für alle Lebewesen dieser Erde entwickeln.

Denn ein jedes Lebewesen hat Empfindungen und das Recht auf ein artgerechtes Leben auf Erden.

Lasst uns wieder lernen, miteinander in Einklang zu leben und nicht mehr die Natur und die Tierwelt auszubeuten. Wir haben nur diesen einen Planeten und sind für ihn verantwortlich, nicht nur für unser Leben, sondern auch für das Leben unserer Kinder, und es ist unser aller Wunsch, ihnen eine Erde zu hinterlassen, auf der sie ohne Sorge leben können.

Es wäre so schön, wenn in unseren Köpfen ein Umdenken stattfinden könnte und ein „Sichbesinnen" auf die Werte von Frieden und Harmonie.

Darauf, keinen Raubbau zu betreiben und nicht aus Gier zu handeln.

Lasst uns von den Tieren lernen.

Wie schön wäre es, wenn ein jeder von uns anfangen würde, bewusster zu leben und weniger Fleisch zu essen, was nicht nur den Tieren und unserem Planeten zum Wohle wäre, sondern auch dem eigenen Körper, so dass die Seele besser darin wohnen und ihre Lebensaufgaben erfüllen kann.

Die Gesundheit eines jeden Einzelnen wäre für eine auf mehr pflanzliche Anteile fundierte Ernährung dankbar und wir alle hätten etwas davon.

LASST UNS BEGINNEN, IN DIE AUGEN DER TIERE ZU SCHAUEN UND ZU SEHEN, WIE VIEL LIEBE DARIN WOHNT.

Jeder, der einen Hund hat, weiß, er freut sich immer ... ihm ist es egal, zu welcher Uhrzeit man nach Hause kommt und in welchem Aufzug, das Freudenfest des Hundes ist einem gewiss.

Ich bin mir sicher, wenn wir alle im Kleinen beginnen, unsere Herzen mit der Liebe zum Tier aufzufüllen, wird die Welt ein viel besserer, harmonievollerer Ort und so viele Plagen unserer heutigen Zeit werden immer kleiner und so manche werden ganz verschwinden.

Die Verbindung zwischen Tieren und Menschen hat einen positiven Einfluss auf den Menschen, sie vermindert Angstzustände und Depressionen, lässt ein besseres Lebensgefühl entstehen und stärkt den Einzelnen mit mehr Selbstvertrauen. Somit ist das Tier unser geheimer Helfer, Freund und Therapeut.

Wenn wir dies erkannt haben, wird unser Leben bunter und fröhlicher werden und alle Liebe, die wir den Tieren schenken, wird in vielfacher Weise zu uns zurückkehren.

Ein jeder von uns kann durch ein bewusstes Leben seinen Anteil an einer friedvollen Welt leisten.

Es gibt Studien, die vermuten lassen, dass der Umgang des Menschen mit den Tieren sich auch im Umgang mit den Menschen widerspiegelt und dass ein Mensch, der ein wahrer Tierfreund und mit Tieren empathisch ist, auch ein großer Menschenfreund ist. Denn in unseren Gedanken über die Tiere spiegelt sich auch unser Menschenbild wider.

Die Bindung zu einem Tier lässt in uns Verantwortung entstehen, diese Verantwortung sorgt für mehr Voraussicht im Leben und im Umgang mit der Natur.

Jeder Mensch, der eine Fürsorgepflicht für ein Tier in sich entwickelt, verliert automatisch ein Stück Egoismus und wird empathiefähiger.

Durch Tiere lernen und erleben wir auch wieder mehr, was es bedeutet, sich selbst zu lieben, denn sie geben uns die Sicherheit und Zuversicht, die in unserem Leben so oft fehlt.

Wenn wir so mehr Selbstsicherheit der Seele erfahren, kommen wir unserem eignen Lebenssinn ein Stück näher und erreichen unsere selbst gesteckten Ziele besser.

Somit bringen uns Empathie und Mitgefühl für Tiere weiter und unser Sein erfüllt sich mit mehr Glück, was uns strahlender und fröhlicher sein lässt.

Doch leider stehen wir uns viel zu oft selbst im Weg durch unser Streben nach Besitz, Erfolg und Macht, ohne zu erkennen, dass wir uns damit nur selbst blockieren und krank werden.

Das eigene Ego will immer mehr in den Vordergrund gerückt werden, doch leider fühlt der Mensch sich paradoxerweise trotz steigendem Wohlstand immer weniger glücklich.

Die gefühlte Lebensqualität beginnt zu sinken und die Erkrankungen unserer westlichen Industriegesellschaft nehmen zu, man redet von Depressionen und Burn-out.

Der Mensch befindet sich auf einer rastlosen Suche nach dem Glück, ohne es in den kleinen Dingen des Alltags erkennen zu können.

LASST UNS TIEF IN DIE AUGEN EINES TIERES SEHEN,
SO KANN EINE NEUE VERBUNDENHEIT ENTSTEHEN, EIN NEUES
LEBENSGLÜCK ERWACHT WENN IN DER TIERFREUNDSCHAFT
DER FROHSINN LACHT.

Lasst uns Verantwortung übernehmen für die Schicksale der Tiere. Lasst uns Hilfe schenken und ein neues Bündnis schließen.

Unsere Erde braucht nicht nur den Menschen, sie braucht die Tiere und eine intakte Natur, um ihren Fortbestand auch für alle uns nachfolgenden Generationen gewährleisten zu können.

Lasst uns alle zusammen unseren Beitrag dazu leisten und erkennen, dass jedes Geschöpf seine Daseinsberechtigung auf Erden hat und Tiere genauso wie wir Menschen, Schmerz, Angst und Liebe fühlen.

SO WÜNSCHE ICH MIR EIN HERZ FÜRS TIER, DENN AUCH IM
KLEINSTEN TIER SCHLÄGT EIN HERZ, GENAUSO WIE IN DIR!

Ein jedes Lebewesen hat das Recht auf ein Leben, das seiner Art entspricht und es glücklich sein lässt.

Lasst uns die **Verbundenheit** zum Tier entdecken, dann verliert die Welt den Schrecken.

V – ertrauen
E – hrlichkeit
R – etter
B – elebt
U – neigennützig
N – ähe
D – ankbarkeit
E – infühlend
N – iedlichkeit
H – erzenswärme
E – rfüllt
I – ntuitiv
T – reue

Wenn ein Tier Dir sein **Vertrauen** schenkt, begegnet Dir die größte **Ehrlichkeit** der Welt.

Du hast einen **Retter** Deiner Seele gefunden, der Dich **belebt** und **uneigennützig** Deine **Nähe** sucht.

Dankbarkeit wird in Dein Leben einziehen und **einfühlend** Dein Herz erwärmen.

So geht von der tierischen **Niedlichkeit** eine wundervolle **Herzenswärme** aus, die Dein ganzes Sein **erfüllt**. **Intuitiv** wirst Du spüren, dass die **Treue** eines Tieres Dich niemals verlassen wird.

121

Mach Dir diese Erkenntnis der Verbundenheit und Herzenswärme zu eigen und übernimm Deinen Teil Verantwortung dafür, dass kein Tier mehr leiden muss, und Du wirst sehen, wie unsere Erde zu einem immer glücklicheren Ort wird, wenn jeder seinen ANTEIL daran trägt.

TIERLIEBE IN MIR

Lasst uns unsre Tiere schützen,
so können wir der Erde nützen,
indem wir die Natur unterstützen.
Lasst uns in der Tiere Augen sehen,
ihre Freude und Angst verstehen,
so können wir in Verbundenheit aufgehen.
Lasst uns für die Tiere da sein,
so kommt viel Freude in das Leben rein
und keiner ist mehr allein.
Lasst uns einander Zeichen geben
für die Verbundenheit im Leben,
so können wir über allem schweben.
Lasst uns für die Tiere da sein,
lasst unsere Worte wahr sein,
dann werden wir uns alle nah sein.

Die Tierliebe in unserem Herzen ist ein wundervolles Geschenk, das unser Leben als Gefühl unendlich bereichert und uns empathiefähig macht.

SO LEBT DAS MITGEFÜHL FÜR DIE TIERE IN UNS AUF UND ZIEHT IN DIESE WELT HINAUS.

LASST UNS ... DURCH DIESES GEFÜHL MITEINANDER VERBUNDEN SEIN, DANN IST BALD KEIN TIER MEHR IN SEINEM SCHMERZ ALLEIN UND WIR ALLE KÖNNEN GLÜCKLICH SEIN.

GLÜCKSMAGIE MEINES LEBENS

In einem jeden von uns schläft das Glück und wartet nur darauf, geweckt zu werden. Wir alle haben die Magie des endlos ungestörten Glücklichseins im Blut und müssen nur anfangen, danach zu suchen.

Diese Magie spiegelt sich auch wider im Zauber der Natur und in jedem Lebewesen. Wenn wir das Leben mit Fröhlichkeit angehen, dann belebt diese Magie uns und strahlt nach draußen, und da unser Sein magnetisch ist, ziehen wir genau diese Fröhlichkeit auch wieder im Außen an, und dadurch erwacht das Glück.

Glück ist somit magnetisch. Je mehr man von den Dingen tut, die dem eigenen Wesen und Charakter entsprechen, umso mehr erwacht die Selbstsicherheit und Ausgeglichenheit in uns.

Wir fühlen uns wohler, und das strahlen wir aus. Dadurch ziehen wir noch mehr Schönes an, und das Glück und die Zufriedenheit halten Einzug in unser Leben.

Doch wie soll man Fröhlichkeit ausstrahlen, wenn einem im Moment gar nicht nach Frohsinn zu Mute ist, da das Leben gerade eine dunkle Phase durchmacht?

Denn wahres Glück kann ja nur dort gefunden werden, wo der Schmerz ausbleibt …

Stimmt das?

Nein, denn wir leben hier auf der Erde, und das bedeutet, wir sind als Lebewesen hier, um die Unvollkommenheit kennenzulernen. Das haben wir uns selbst so ausgesucht und aus diesem Grunde werden Schmerz und Traurigkeit ständige Begleiter des Erdenlebens sein.

Es kommt nur immer darauf an, wie wir mit den „Sorgen und Problemen" umgehen und welche Macht man ihnen über das eigene Leben zukommen lässt. Am besten ist es, wenn man Schmerz und Traurigkeit nie einlädt, zu einem Dauergast zu werden, und immer dann, wenn sie auftauchen, versucht, nach schönen Dingen Ausschau zu halten.

Zum Beispiel nach schönen bevorstehenden Ereignissen, die einem die Zukunft bringen mag.

Es ist wichtig, sich ein schönes zukünftiges Ereignis vorzustellen und das positive Gefühl, das dabei entsteht, festzuhalten und abzuspeichern.

Einmal abgespeichert, kann man dieses Gefühl immer und immer wieder abrufen und so größer und größer werden lassen.

Durch diese positiven Schwingungen schaffen wir es dann auch, genau diese Vorstellung in unser Leben zu ziehen und sie Wirklichkeit werden zu lassen.

Glück ist für uns ein Zustand des positiven Gefühls, das alles Negative verdrängt und für große Zufriedenheit sorgt.

Damit sind auch unsere zwischenmenschlichen Verbindungen gemeint, die unserem Leben seine Qualität geben und mit deren Hilfe man es besser schafft, die sich selbst gesetzten Ziele zu erreichen.

In diesem Zusammenhang sollte auch darüber nachgedacht werden, wie man mit verschiedenen Lebenssituationen umgeht und welche Rolle die Resilienz im Leben spielt.

Denn je mehr man es schafft, die eigene Resilienz auszubauen, umso größer werden unsere Glückserfolge werden.

Fang an, dankbar für all das zu sein, was Du hast. Führ Dir vor Augen, wie viel Glück bereits in Deinem Leben wohnt, und versuch Dich unbedingt von einem zu befreien: Es ist das Jammern!

Ich kann immer nur wiederholen, jammern ist wie Gas geben im Leerlauf, man kommt nicht nur nicht vom Fleck, sondern macht außerdem noch einen Höllenlärm um nichts, und es gibt niemanden, wirklich niemanden auf dieser schönen Welt, der es hören möchte.

Hör aus diesem Grund nicht nur selbst auf zu jammern, sondern umgib Dich mit Menschen, die positiv denken und handeln, denn so wirst Du um Dich ein durch und durch positives Feld aufbauen.

Trau Dich auch, ein deutliches NEIN zu sagen, wenn Du kein JA sagen möchtest.

Lern auf Deine Seele zu hören und nicht so zu entscheiden, wie man es eventuell von Dir erwarten würde, sondern so, wie es für Deine Seele am besten ist.

Ernähre Deinen Körper bewusst und treibe ein wenig Sport.

Dein Körper ist die Wohnung Deiner Seele, aus diesem Grund versuch ihn gut zu erhalten, damit Deine Seele sich darin wohlfühlen kann, denn auch das trägt zum Glück bei.

Für Körper, Geist und Seele ist es unerlässlich, viel Zeit in der Natur und in der Stille mit sich selbst zu verbringen.

Solltest Du zu den Menschen gehören, die nicht täglich 15 Minuten die frische Luft in der Natur genießen können, musst Du diese Zeit unbedingt auf eine Stunde erhöhen, damit Du dauerhaft gesund bleibst und das Glück Einzug halten kann.

Genau, richtig gelesen. Wem 15 Minuten täglich fehlen, der braucht eine Stunde.

Die Glücksmagie ist kein wirklicher Zauber, sondern vielmehr eine Lebenseinstellung. So kann sie einfach von unserem Ego aktiviert werden, wenn wir es schaffen, unser Sein dafür in die richtige Stimmung zu versetzen und die Sichtweise bei Laune zu halten.

Positiv sein ist hierbei der erste Schritt, doch der zweite, der unweigerlich immer auf den ersten Schritt folgt, bedeutet, auch positiv zu bleiben und sich vom Leben nicht verwackeln zu lassen, auch wenn es einmal grau um einen herum wird.

Wir alle brauchen hier kleine Tricks, die uns bei Laune halten und das Glück in uns kitzeln, bis es wieder mit uns lacht.

Meine persönlichen Lieblingstricks sind:

– *Laut Lieblingsmusik zu hören und dabei zu tanzen*

– *In der Natur spazieren zu gehen und tiefe Atemmeditationen zu machen*

– *An glückliche Ereignisse in der Vergangenheit zu denken und dieses Gefühl im Inneren ganz groß werden zu lassen*

– *Sich die Wünsche der Zukunft schon erfüllt vorzustellen und das damit verbundene Glücksgefühl im ganzen Körper aufzudrehen*

– *Kleine Belohnungsinseln in den Tag einzubauen: z. B. eine Tasse Tee oder ein Stück Schokolade*

– *Eine Runde Badewanne*

Jeder hat hier seine ganz eigenen kleinen Glücksinseln, und erlaubt ist alles, was glücklich macht und keinem schadet.

So beleben wir unser eigenes Sein mit **Frohsinnsenergie** und schaffen das auszustrahlen, was wir im Leben auch anziehen wollen.

F – aszinierend

R – eflektierend

O – ptimist

H – erzenslust

S – ein

I – deen

N – euanfang

N – euland

S – chöngeist

E – nergie

N – eugier

E – einfühlend

R – esilienz

G – edankenwelt

I – nnenwelt

E – igenregie

Wenn man **faszinierend** und **reflektierend** als **Optimist** mit **Herzenslust** das eigene **Sein** betrachtet, werden in einem immer wieder **Ideen** für einen **Neuanfang** im **Neuland** der Möglichkeiten entstehen. So lebt der **Schöngeist** durch die **Energie** der **Neugier** auf und kümmert sich **einfühlend** um die **Resilienz** der **Gedankenwelt** der eigenen **Innenwelt**, um so durch **Eigenregie** das Glück ins Leben zu ziehen.

Glaub immer an die Macht Deiner eigenen Gedanken und an die Magie Deines Unterbewusstseins, so wirst Du das spüren, was man den Zauber des Lebens nennt.

GLÜCKSMAGIE

Die Glücksmagie meines Lebens
schläft in mir
und ich in ihr.
Zusammen sind wir
zum Glücklichsein hier.
Die Magie des Glücks
ist kein Kunststück.
Sie wohnt in unsrer Seele drinnen
und sorgt für ein immerwährendes Gelingen.
Unsere Lebensenergie muss nur im Positiven schwingen,
dann wird das dem Leben viel Schönes bringen.
Unsere Seele beginnt zu singen,
denn mit dem Zauber des Lebens wird uns alles gelingen.
Drum glaube an die magische Kraft deiner Gedanken,
dann kommst du im Leben nicht mehr ins Wanken.

Bist Du einmal auf diese wundervolle Welt der positiven Gedanken eingestellt, wirst Du feststellen, dass alles in Deinem Leben viel leichter läuft und sich Deine von Dir selbst gesetzten Ziele erreichen lassen.

BLEIB IMMER POSITIV GESTIMMT, DANN KOMMT DAS GLÜCK BESTIMMT. SCHAU IMMER VOLL POSITIVER ERWARTUNGEN NACH VORN, DANN FÜHLST DU DICH JEDEN TAG WIE NEU GEBORN.

WUNDER MEINER VORSTELLUNGSKRAFT

Das, was die wahren Wunder in unserem Leben erschafft, ist unsere Vorstellungskraft.

Denn der Magie unserer Gedanken verdanken wir unseren Lebenssinn.

Alles, was wir uns wirklich vorstellen können, können wir auch erreichen. Wenn wir zielgerichtet im Leben darauf hinarbeiten.

Als Idee in unserem Kopf beginnt alles. Egal um welches Projekt es sich handelt, am Anfang war da nur ein Gedanke in unserem Kopf, der es dank unserer Vorstellungskraft ins Leben geschafft hat.

Immer dort, wo wir unsere Aufmerksamkeit hinlenken, wird auch unsere Energie hingehen.

Und hier liegt auch schon das erste Geheimnis unserer Vorstellungskraft verborgen.

Denn immer da, wo wir mit der Kraft unserer Vorstellung sind, sind wir auch mit unserer Energie, und da Energie eine magnetische Schwingung ist, wird sie immer ihresgleichen anziehen, im Positiven so wie auch im Negativen.

Für das Leben ist es wichtig, klare Gedanken und Vorstellungen zu haben, denn je klarer und genauer unsere Vorstellungen sind, desto eher gelingt es ihnen, zur Realität zu werden.

Nimm Dir Zeit für Deine Wünsche und Ziele, träume und male sie Dir in Deiner Vorstellung genau aus, denn nur wenn man genau weiß, was man erreichen möchte, wird man es auch schaffen.

Eins ist jedoch wichtig zu beachten:

Im Leben reicht nur der pure Wille nicht aus. Um was zu erreichen, muss man es sich auch vorstellen können.

Am Ende wird die Vorstellungskraft immer stärker als die Willenskraft sein. Unsere Vorstellungskraft, gepaart mit einem festen Glauben, vermag es, Berge zu versetzen.

Hör in Dich rein und vernimm die Stimme Deiner Seele:

Was sind Deine wirklichen Ziele und wo sind Deine Wünsche?

Die meisten Menschen können, wenn man sie nach ihren Wünschen und Zukunftsplänen fragt, keine konkreten Antworten geben, sondern erzählen nur Dinge, die sie nicht mögen. Anstatt sich darauf zu konzentrieren, wo die eigenen Wunschvorstellungen liegen.

Wenn wir im Leben nur über unsere Willenskraft agieren, macht uns das viel Mühe und wir werden schnell müde und können unsere Ziele nicht erreichen. Agieren wir aber über unsere Vorstellungskraft, passen wir uns automatisch immer an die Gegebenheiten an und bleiben flexibel. Diese Eigenschaft versorgt uns mit Spontanität und mit deren Hilfe können wir auf alle Situationen entsprechend reagieren.

Ein jeder Gedanke hat die Tendenz, sich zu verwirklichen, man muss nur mit Gedankendisziplin bei der Sache bleiben. Beharrlichkeit ist ein weiteres Zauberwort der Formel, die es anzuwenden gilt.

Mit Vorstellungskraft, Glauben und Beharrlichkeit wurde so manches Wunder erschaffen.

Wichtig ist es, seinen Zielvorstellungen treu zu bleiben und die eventuellen Stolpersteine, die noch in der Gegenwart sind, emotional nicht zu bewerten, sondern sich weiterhin mit der Kraft der eigenen Vorstellung in dem zu erreichenden Ziel zu befinden und sich mit positiven Gefühlen auszufüllen.

Bleibe ich so beharrlich bei mir und meinen Wünschen, werde ich zum Meister meiner Gedanken und helfe ihnen, in meiner Zukunft Realität zu werden.

Wir denken oft viel zu wenig an das Positive, das wir erreichen wollen, sondern wir vergeuden viel mehr unsere Zeit darauf, negativen Gedanken nachzuhängen, und geben so unserem Leben einen negativen Geschmack und der Negativität die Gelegenheit, in unser Sein Einzug zu halten.

Nutze die Macht Deiner Vorstellungskraft und visualisiere immer wieder Deine Ziele, lass Dich hierbei von niemandem beeinflussen, denn die Grenzen der anderen werden deren Gefängnis bleiben, Du und Deine Gedanken sind frei.

Es gibt für Dich keine Grenzen außer den Grenzen, die Du Dir selbst setzt.

Sei für alles offen, aber mach nicht alles zu Deinem Problem.

Deine Vorstellungskraft wird immer Deine Wirklichkeit erschaffen, ob Du glaubst, Du schaffst etwas oder Du schaffst etwas nicht, es ist egal, am Ende wird es nach Deinem Glauben geschehen.

Somit ist unsere Vorstellungskraft das Wundermittel, mit dem man im Leben alles schaffen kann.

Lass niemals zu, dass jemand Dich Deiner Vorstellungskraft beraubt, sie ist Deine Lebensmagie, mit der Du alles vollbringst.

Erkenne das Wunderkind in Dir und hilf ihm, das unbegrenzte Potential, was sich Leben nennt, zu nutzen und die eigenen Wünsche Wirklichkeit werden zu lassen.

Eine immerwährende Vorstellung und ein unerschütterlicher Glaube werden mit Beharrlichkeit Deine Zukunftsziele verwirklichen.

Der Fokus liegt auf unserer Aufmerksamkeit, denn dort, wo wir mit unseren Gedanken sind, dort wird auch unser zukünftiges Leben stattfinden.

Deshalb beobachte genau Deine Gedanken und halte sie rein von allen schädlichen Einflüssen, damit diese keine Macht über Dein Leben erhalten können.

Programmiere Dich selbst auf Erfolg, dann wird dieser nicht ausbleiben. Nichts ist unmöglich!

Sei keine Denkkopie von einem anderen Menschen, sondern erwecke Deinen eigenen Lebensmeister und erdenke Dir Dein Sein.

Wir alle nutzen nur einen geringen Teil unseres eigenen Potentials, ohne überhaupt zu wissen, was da noch alles in uns verborgen liegt.

Genau jetzt ist die Zeit, an Dich zu glauben und Deine Wünsche Wirklichkeit werden zu lassen.

Sei immer offen für das Unmögliche, doch habe genug Logik im Gedankengut, um die Grenzen zu kennen, die Dir die Welt mit ihren vorgeschriebenen Gesetzen gibt.

Hör dabei immer auf Dein Herz, es wird Dir helfen, das Mögliche vom Unmöglichen zu unterscheiden.

Lege des Öfteren in einer ruhigen Minute Deine Hand auf Dein Herz und spüre es.

Nimm Dir die Zeit und hör in Dich hinein, sieh Dein Herz als Deinen Verbündeten und sage halblaut zu ihm:

Mit Deiner Hilfe werde ich die richtigen Entscheidungen treffen und meine Ziele erreichen. Ich erkenne mein Potential und glaube an mich, da ich es mir vorstellen kann.

Eine große Vorstellungskraft ist eine nie versiegende Quelle der Phantasie und Kreativität. Wir alle müssen lernen, diese Quelle unseres eigenen Gedankenguts zu finden und zu aktivieren, so werden wir den Schlüssel für die Erreichung unserer Lebensziele in den Händen halten.
Meist ist diese Quelle von unserer anerzogenen Vernunft verdeckt, die sich durch Erziehung in unser Leben geschlichen hat.

Es ist gut, die grundlegenden Regeln der Vernunft zu kennen, es ist jedoch schlecht, sich von der Vernunft die Möglichkeiten des Lebens nehmen zu lassen.

Deshalb bau Deine Zukunftsträume auf ein vernünftiges Fundament, doch der Baumeister ist Deine **Vorstellungskraft**, die alle Wunder erschafft.

V – ergissmeinnicht
O – ptimismus
R – egenbogen
S – eele
T – apetenwechsel
E – nergie
L – iebe
L – achen
U – nendlichkeit
N – eugier
G – lück
S – anftmut
K – raft
R – eichtum
A – lleskönner
F – eingeist
T – raum

Wenn das **Vergissmeinnicht** des Lebens mit **Optimismus** einen **Regenbogen** der **Seele** schenkt, kann sie den **Tapetenwechsel** des Seins mit **Energie** einleiten und die **Liebe** und das **Lachen** an die erste Stelle setzen.
So wird die **Unendlichkeit** mit **Neugier**, **Glück** und **Sanftmut** die Kraft besitzen, den **Reichtum** der Glückseligkeit ins Hier und Jetzt zu ziehen.
So ist die Vorstellungskraft der **Alleskönner**, der mit **Feingeist** jeden **Traum** erfüllen kann.

Lass Dich von dem Wunder der Vorstellungskraft in Besitz nehmen und gestalte mit seiner Hilfe Dein Leben neu. Denn sei Dir gewiss, aller Zauber liegt nur in Dir.

WUNDER DER VORSTELLUNGSKRAFT

Die Vorstellungskraft lebt tief in uns drin
und gibt dem Leben seinen Sinn.
Mit ihrer Macht man alles schafft.
So werden ganz viele Wunder vollbracht.
Glaub an die Energie deiner Phantasie,
sie steht über der Kraft deines Willens
und wird alle Wünsche stillen.
Das Leben leuchtet aus unseren Gedanken raus
und mit Positivität schaltest du alles Negative aus.
Glaube an das, was dich fröhlich macht,
damit das Leben mit dir lacht.
So ist die Vorstellungskraft
immer stärker als die Willenskraft
und erschafft dir ein Leben ohne Schranken.
Spüre deine eigene Zaubermagie,
denn mit ihr werden alle deine Wünsche
Wirklichkeit werden
hier auf Erden.

Sei Dir selbst bewusst, immer dann, wenn es einen Konflikt zwischen Deiner Vorstellungskraft und Deiner Willenskraft gibt, wird die Vorstellungskraft ausnahmslos gewinnen. Darum glaube an Dich!
Stell Dir das Leben in bunten Bildern immer so vor, wie Du es gerne hättest, und genieße die damit verbundenen positiven Gefühle, dann werden Deine Vorstellungen zur Realität werden.

LASS DICH LEITEN VON DEINEM POSITIVEN GEFÜHL, DANN WIRD DIR IM LEBEN NICHTS ZU VIEL.

STIL MEINES LEBENS

Ein jeder Mensch hat seine ganze eigne Art und Weise, das Leben zu leben. Hier gibt es kein gut oder schlecht, sondern nur ein „anders".

So ist jeder Mensch sein eignes Universum.

Unser So-Sein ist unser Lebensstil, unsere Lebensweise, unsere Lebensart oder Lebensgewohnheit. In ihm liegen alle unsere Besonderheiten versteckt und er stellt unser ureigenes Sein dar.

Wie wir die Dinge sehen oder wie wir mit Situationen umgehen, was wir mögen oder was uns eine Gänsehaut einjagt.

Am Lebensstil eines Menschen kann man viele seiner Charaktereigenschaften erkennen und Vorlieben ausmachen.

Man kann in ihm lesen wie in einem offenen Buch und dadurch ganz viel über das einzelne Individuum erfahren.

Ein jeder von uns ist ein Kunstwerk mit Stärken und Schwächen, mit Freude und Leid, und all diese Emotionen trägt die Lebensweise nach außen und bringt sie dort zur Geltung.

Wenn wir mehr voneinander erfahren wollen, dann müssen wir uns eigentlich nur Zeit nehmen genauer hinzuschauen und schon werden wir feststellen, dass wir nur durch Beobachtung im Stande sind, einen Blick in die Seele des anderen zu werfen, dadurch werden wir viel empathischer werden.

In unserem Lebensstil sind unsere Verhaltensmuster versteckt und diese wiederum prägen unsere Persönlichkeit, die Art und Weise, wie wir unser tägliches Leben mit all seinen Gefühlen führen.

Doch auch unsere Wünsche und Ziele sind in unserer Eigenart zu leben versteckt und werden durch sie zum Ausdruck gebracht. Unsere Interessen und Meinungen gehören ebenso zu unseren Lebensgewohnheiten wie die von uns selbst erfundene tägliche Routine, mit der wir viele Abläufe in unserem Leben koordinieren.

In der heutigen Zeit spricht man oft von Lifestyle, wenn man seine Lebensgewohnheiten meint.

Darunter versteht man, wie und wo man lebt und welchen speziellen Ausdruck man seinem Leben gibt.

Letztendlich ist es jedoch immer der Ausdruck unserer Seele.

Die Farben unserer Seele finden sich in unserm Kleidungsstil wieder, wir erkennen sie in unseren Möbeln, Kissen und den Bildern, die wir an den Wänden hängen haben.

Nicht umsonst hat ein jeder von uns auch eine Lieblingsfarbe oder mag bestimmte Farbkombinationen nicht.

Nicht nur Farben geben unserem Leben seinen Stil, auch die Art zu reden, sich zu bewegen oder welche Musik man hört. All diese Dinge haben in unserem Leben ihren Sinn und Ausdruck.

Die Art, wie wir die Dinge tun, und die Gefühle, die wir damit verbinden, das alles gibt unserem Leben seinen eigenen Stil und dieser eigene Stil ist es, der uns letztendlich unverkennbar macht.

So entsteht aus uns das Individuum und ein jeder von uns sollte stolz auf seine eigene Einzigartigkeit sein und nicht versuchen, sie durch Vereinheitlichung sterben zu lassen.

Leider neigen wir in der heutigen Zeit dazu, alles einem Trend zu unterwerfen, den wir Mode nennen, und nicht auf den Ruf unserer Seele zu hören.

So haben viele von uns keinen eigenen Geschmack mehr entwickelt oder überlassen die Einrichtung ihrer Wohnung fremden Menschen.

Nicht mehr die Seele eines Menschen bestimmt, wie er leben möchte, sondern der von den Medien erfundene Modetrend.

Unter diesen Umständen ist es nicht schwer zu verstehen, warum viele Menschen den Bezug zum eigenen Sein immer mehr verlieren und sich in der äußeren Welt des Konsums wiederfinden.

Es macht oft den Eindruck, dass wir unser Leben nicht mehr selbst leben und bestimmen, sondern dass wir gelebt werden.

Aus diesem Grunde ist es meiner Seele wichtig, nicht nur einem Modetrend nachzuhaschen, sondern sich selbst wiederzufinden im eignen Leben.

Ich möchte meine Farben leben, ich möchte mich in gebrauchten Dingen wiederfinden, die nicht nur mein Leben verschönern, sondern schon das Leben von anderen Menschen verschönert haben.

In diesen alten Dingen kann man das Lachen und das Glück vergangener Tage finden oder auch die Traurigkeit einer schweren Zeit.

All das bedeutet leben, und nicht dem schnellen Konsum und oder einem aufkommenden Kult nachzulaufen.

Der eignen Seele treu zu sein und sich nicht zu verkleiden, sondern das innerste Gefühl nach außen kommen zu lassen, damit es die Welt erkennen kann.

Das Leben nicht so zu gestalten, dass es nur bequem ist, sondern so, dass die Seele sich darin wohlfühlt und Spaß haben kann.

Daran sollten wir alle arbeiten.

So können wir ein Leben aus vollem Herzen führen und sind zufrieden in unserem Sein und nicht nur an neuen Konsumprojekten interessiert.

Wenn wir lernen, mit dem, was wir haben, unser Leben zu verschönern, kreieren wir auch wieder ganz neue Stile und erschaffen uns selbst neu.

Unser Leben sollte immer seine eigene unverkennbare **Ausdrucksweise** haben.

A – ußergewöhnlich
U – nbeschwert
S – eele
D – ankbar
R – ücksichtsvoll
U – nwiderstehlich
C – hancen
K – reativität
S – pielerisch
W – armherzig
E – infallsreichtum
I – ntuition
S – paß
E – rfreuen

Der Stil des Lebens kann sich immer **außergewöhnlich** und **unbeschwert** zeigen, damit die **Seele dankbar** ihr Sein genießt. So werden **rücksichtsvoll** und doch **unwiderstehlich** alle **Chancen**, die sich ein Leben vorstellen kann, genutzt werden, um die volle **Kreativität** zu entfalten. Dadurch wird der Lebensweg **spielerisch** sein und **warmherzig** das Gefühl. **Einfallsreichtum** wird zur eigenen **Intuition** werden und mit **Spaß** das Leben **erfreuen**.

So liegt auch im Lebensstil die Kreativität der eigenen Phantasie verborgen. Lass ihr Flügel wachsen, so dass sie Dich mitnehmen kann in ihr Wunderland. Denn wer sich einmal selbst gefunden hat, ist im Stande die Welt zu verstehen. So höre, wie Dein Lebenswunderstil mit Dir lacht und Deine Wünsche und Träume entfacht.

LEBENSWUNDERSTIL

Ich hab meinen eignen Stil,
so wird mir nix zu viel.
Kann hinterm Regenbogen den Mond erkennen
und mich in meinem Wunderland verrennen.
So werden meine Flüsse aufwärtsfließen
und aus allen schwarzen Löchern Blumen sprießen.
Werde all das Schöne im Leben erkennen
und das Glück beim Namen nennen.
Dann wird die Sonne wieder scheinen
und es gut mit meinem Leben meinen,
auf dass sich die Wunder mit der Realität vereinen
und alles Negative verneinen.
So hat der Stil in mir sein Ziel
alles für des Lebens Spiel,
denn Glücklichsein ist des Lebens Deal.

Dadurch erkenne ich mich selbst wieder, in jeder meiner Bewegungen, in jeder meiner Farben, und kann meiner Seele treu sein.

Somit wird meine Seele nichts bereuen und muss keinen falschen Sehnsüchten folgen, die sich Modetrend nennen.

Mein Ich möchte sich in seinem Spiegelbild immer wiederfinden und sich darüber freuen, dies zu Lebzeiten schon erkannt zu haben und arglos mit Zufriedenheit alles Schöne genießen zu können.

KOMM MIT ZU DEINEM EIGNEN STIL, DANN WIRD DIR NIE EIN MODETREND ZU VIEL.
DENN DU HAST DEINE EIGENE WELT UND MACHST SIE, WIE SIE DIR GEFÄLLT.

LEBENSFREUDE MEINER WELT

Wenn in unserem Leben etwas essentiell ist, dann ist es die Freude, die wir an unserm Leben haben, denn ohne Freude wäre alles grau und wir könnten kein Glück empfinden.

So sollte es zu unseren größten Zielen im Leben gehören, immer mehr an Lebensfreude zu gewinnen, um das Leben in vollen Zügen genießen zu können. Denn wenn unsere Grundstimmung glücklich ist, sind wir auch in der Lage, unser Potential voll auszuschöpfen, und somit ist die Lebensfreude auch der Schlüssel zum Erfolg.

Je gefestigter wir in einer positiven Grundstimmung sind, umso weniger können uns Ärger, Sorgen und Streit verwackeln und zu Lebenskrisen führen, die uns die Freude nehmen.

Lebensfreude ist ein Gefühl, das in unserem Körper wohnt und diesen positiv auskleidet; es sorgt für Freude, Glück und Harmonie. Wir fühlen uns wohl und sind voller Tatendrang.

Wir empfinden das Leben als schön und lebendig, sind zu Späßen und Abenteuern aufgelegt, sind energiegeladen und dankbar für unser Sein.

Lebensfreude gibt uns Kraft und schenkt uns Zuversicht und die Hoffnung, aus allem das Beste zu machen.

So ist ein lebensfroher Mensch immer ein Mensch, in dem eine große Zufriedenheit wohnt.

Lebensfreude ist nicht nur in den großen Dingen, sondern sie ist auch ganz oft in den kleinen Dingen und Augenblicken zu Hause, die uns Tag täglich begegnen und es schaffen, ein Lächeln in unser Gesicht zu zaubern.

Doch wie entsteht sie eigentlich, die Lebensfreude, und warum haben einige Menschen so viel davon und bei anderen wiederum scheint gar keine Freude vorhanden zu sein?

Es liegt immer in unserem eigenen Blickwinkel auf unsere Lebensumstände und wie wir sie interpretieren. Wenn man das Schöne sehen möchte, wird man es finden, doch wenn man Schwarzmalerei betreiben möchte, dann wird einem auch das gelingen.

Die Grundeinstellung im Leben und zum Leben ist die Farbe und Melodie, die alles ausmacht. Wir selbst entscheiden darüber, ob wir eine fröhliche Melodie mit bunten Farben oder eher etwas in Moll mit gedeckten Farben wählen.

Wenn wir es schaffen, von innen heraus zu strahlen, werden wir die von uns ausgesandte Freude nicht nur ausstrahlen, sondern wir werden sie auch anziehen und dadurch immer mehr positive Energie in unser Leben ziehen, denn alles, was wir ausstrahlen, wird zu uns zurückkehren, leider gilt dies auch für Negativität.

So machen uns wiederum erreichte Lebensziele glücklich und erfüllen uns mit Freude und alles fühlt sich sinnhaft an.

Die Freude in unserem Leben hängt aber auch immer davon ab, wie wir uns selbst und unser Leben beurteilen und wie wir mit Stolpersteinen im Leben umgehen.

So scheinen Menschen mit einem sonnigen Gemüt diejenigen zu sein, die das Leben leichter leben als solche, die sich durch alles verängstigen lassen und aus dem Gleichgewicht geraten.

Es sind nie die Umstände in unserem Leben, die darüber entscheiden, wie glücklich oder auch unglücklich wir sind, sondern vielmehr ist es die Tatsache, wie wir auf unsere Lebensumstände reagieren und welche Macht wir z. B. anderen Menschen und negativen Situationen über uns geben. Somit ist immer der Mensch glücklicher und empfindet mehr Lebensfreude, der auch glaubt, dass er sein eigenes Glück in den Händen hält und alles lenken und steuern kann.

Ein jeder von uns ist ein Individuum und dadurch empfindet auch jeder Lebensfreude anders als der andere und verbindet mit dem Begriff der Lebensfreude eine andere Bedeutung.

Doch anbei ein paar Beispiele, die uns allen Freude bereiten und Glück verbreiten:

- **In Gesellschaft mit guten Freunden sein**
- **Urlaub**
- **Eine glückliche Beziehung**
- **Ein Haustier**
- **Schöne Musik**
- **Gute Nachrichten**

Diese Ereignisse schenken uns allen Freude und machen das Leben schön, so dass wir uns wohlfühlen und ein zufriedenes Glück in unserem Inneren verspüren.

Nur leider geht die Lebensfreude auch schon mal verloren, sie ist kein Dauerzustand in unserem Leben. Oft passiert so etwas durch einen Schicksalsschlag. Manchmal schleicht die Traurigkeit sich aber auch langsam fließend ins Leben, so wie wabernder Nebel, und alles wird von Tag zu Tag grauer und man hat den Eindruck, dass einem die Lebensenergie verloren geht.

Wichtig ist hierbei zu bedenken, dass wir es immer selbst in der Hand haben, unsere Lebensfreude am Leben zu erhalten. Sollte sie wirklich einmal abhandenkommen, wäre es gut, die ureigenen Fröhlichkeitsorte unserer Seele zu kennen, denn an ihnen können wir sie wiederfinden, unsere Freude. Es sind die Orte unserer schönen Erinnerungen und der erfüllten Wünsche und heimlichen Sehnsüchte. Sie sind immer ausgekleidet mit positiver Energie, und beim gedanklichen Spaziergang in ihnen laden wir uns automatisch wieder mit Lebensfreude, guter Laune und Hoffnung auf.

Versuch somit auch, in jedem Tag das Schöne zu erkennen und Dich von guten Gefühlen leiten zu lassen, denn gute Gefühle werden zu unseren Emotionen und diese gestalten unsere Laune und sind dadurch für unser gesamtes Seelenheil verantwortlich.

Denn immer dann, wenn schöne und positive Gefühle in uns leben, strahlen wir und sind glücklich, sie sind die Energie der Lebensfreude.

Streiche Hass, Ärger, Neid, Sorgen und Streit so gut es eben geht aus Deinem Leben heraus und versuche alles ins Positive zu lenken

Bedenke hierbei immer, dass alle negativen Gedanken letztendlich nur Dein eigens Sein belasten und Dir und der gesamten Situation nicht zuträglich sind.

Wenn man die Lebensfreude auf Dauer einladen will, ein Teil des eigenen Lebens zu sein und zu bleiben, sollte man versuchen in der Gegenwart glücklich zu sein, die Vergangenheit loszulassen und keine Angst vor der Zukunft zu haben.

Es wäre gut, eine kindliche Neugier und Vorfreude zu entwickeln auf alles, was einem das Leben noch so bringen mag. So ist es für die Lebensfreude unabdingbar, dass die Gelassenheit, die Zufriedenheit und die Achtsamkeit im eigenen Leben ihren Stellenwert haben und dass man sie auch im größten Stress versucht nicht außer Acht zu lassen.

Dabei ist die Geduld, die man im Leben mit sich selbst entwickeln soll, ein großer Meilenstein und Garant dafür, dass die Lebensfreude zum dauerhaften Gast wird und gerne nicht nur zu Besuch bleibt, sondern einzieht.

Lass das **Glücksgefühl** in Dein Leben einziehen, und alle Sorgen fliehen.

G – lücklich
L – achen
Ü – berdurchschnittlich
C – harme
K – onsequent
S – tellenwert
G – arantie
E – rfolg
F – aszination
Ü – berzeugt
H – eiterkeit
L – ebendig

Wenn **glücklich** das **Lachen** mit **überdurchschnittlich** viel **Charme konsequent** im Leben seinen **Stellenwert** besitzt, wird mit **Garantie** der **Erfolg** durch **Faszination überzeugt**, die **Heiterkeit lebendig** werden zu lassen.

Wenn Du es so schaffst, mit Konsequenz der Freude in Deinem Leben ihren Platz zu geben, wird das Leben sich Dir von seiner wundervollen Seite zeigen und Dir täglich ein Lächeln schenken.

WUNDER DER LEBENSFREUDE

Wenn man die Lebensfreude weckt,
in jeder Ecke ein Wunder steckt.
So hat man das Glück in sich geweckt
und alle Träume sind perfekt.
Durch Freude, Hoffnung und Harmonie
entsteht die Lebensenergie,
die sich fröhlich Glücksgefühl nennt
und mit der Freude um die Wette rennt.
Hat man so zu sich selbst gefunden,
ist man mit allem Positiven verbunden,
freut sich über jeden neuen Tag,
und was dieser bringen mag.
Wenn man sich alles mit Lebensfreude wagt
und keinen Traum mehr vertagt,
dieser nach Erfüllung in der Wirklichkeit fragt.
So ist man nach neuen Wundern auf der Jagd
und hat ständig ein Hosentaschenglück parat.

Die Lebensfreude in uns ist so etwas wundervoll Herrliches, das in unserem Inneren lebt und unser Leben glücklich macht. Es ist ein großer Wunsch meiner Seele, dass jeder Mensch die pure Lebensfreude sein Eigen nennen kann und dadurch die Welt zu einem glücklichen Ort wird.

LASST UNS VON JETZT AN GLÜCKLICH SEIN,
DANN KOMMT GANZ VIEL LEBENSFREUDE IN UNSER SEIN.
LASST UNS ALLE KLEINEN GLÜCKE FINDEN,
DANN WIRD UNS DIE FRÖHLICHKEIT GELINGEN.
LASST UNS NACH DEM SCHÖNEN SUCHEN
UND ALLE TRAURIGKEIT VERFLUCHEN.

WIRKLICHKEIT MEINER TRÄUME

Wenn unsere Träume aus unserer Vergangenheit uns als Wirklichkeit in der Zukunft begegnen, dann haben wir es geschafft, mit unseren Gedanken Wunder zu zaubern.

Unser Leben wird sich nämlich immer genauso gestalten, wie wir es in den Tiefen unserer Träume sehen. Aus diesem Grunde sollten wir hoch und weit träumen, an unsere eigene Seele glauben und ihr treu sein.
Denn nur das, an was wir wirklich glauben, hat die Kraft, uns in unserer Realität zu begegnen.
Wir sollten im Leben nie aufhören zu träumen, denn dort, wo unsere Träume leben, da wohnt auch unsere Phantasie und mit ihr die Möglichkeit, auch aus negativen Lebenssituationen etwas Wundervolles entstehen zu lassen.
Jeder Traum ist immer nur so lange ein Traum, bis man sich entscheidet, ihn zu verwirklichen, deshalb geh in Deinen Träumen spazieren und freunde Dich mit ihnen an, dann werden sie zur Wirklichkeit.
Deine Träume sind der Antrieb zur Erfüllung Deiner Wünsche, da all das, was in Deinem Kopf lebt, auch in Erfüllung gehen kann, wenn Du einen starken Glauben an die Kraft Deiner eigenen Seele hast!
So werden aus Deinen Träumen Ziele, und Du wirst diese in Deiner Zukunft erleben.

Träume haben niemals ein Verfallsdatum, hör deshalb nie mit dem Träumen auf, denn nur so kommen die Wunder in diese Welt.

Wunder kommen nämlich immer dann zu uns auf diese Welt, wenn wir unseren Träumen mehr Energie geben als unseren Ängsten.

Dadurch wird unser Blick in die positive Richtung wandern und wir werden imstande sein, die Dinge und Situationen ganz anders wahrzunehmen.

Träume sind nicht nur eine Eigenschaft unserer Existenz als Mensch, nein, sie sind mehr, sie sind überlebenswichtig für unsere Seele und unseren Geist.

Unser ganzes Sein erholt sich, wenn wir träumen, und dies nicht nur in der Nacht, wir brauchen viel mehr Tagträume, damit viel mehr Wunder zu uns auf die Erde kommen können.

In unseren Träumen haben wir die Möglichkeit, unserem Unterbewusstsein ganz nahe zu sein und dort den Samen für eine wundervolle Zukunft zu pflanzen.

Dies kann in unseren nächtlichen Träumen sein, doch Gleiches gilt auch für unsere Tagträume.

Genauso ist es auch möglich, sich die Welt seiner eigentlich unbewussten Träume bewusst zu machen und im Traum Dinge und Situationen zu erleben. Diese Träume nennt man luzide Träume. Sie finden immer dann statt, wenn sich unser Bewusstseins-Ich darüber klar wird, dass es eins ist mit seinem Traum-Ich. In einem solchen Traum kann man die Situationen, die sich in ihm ergeben, bewusst beeinflussen und weiß genau, dass man eigentlich schläft und träumt.

Nachdem man dann wieder aufgewacht ist, weiß man immer noch, dass man nur geträumt hat, und kann sich an alles ganz klar erinnern.

Somit ist luzides Träumen der erste Schritt, die eigene Zukunft nach den Wünschen der eigenen Seele zu gestalten.

Ein jeder von uns hat sie, die Träume, sie sind unerfüllte Wünsche, die zu Sehnsüchten werden und in unserem Dasein nur darauf warten, durch die Handlung des „Erträumens" zum Leben erweckt zu werden.

Die Frage nach dem größten Traum ist immer eine sehr persönliche Frage und sie legt immer ein Stückchen filigranes Seelenfragment frei.

Wir sollten viel mehr träumen und nach den Sternen greifen, denn die Zeit, die wir hier auf dieser Erde haben, ist nur kurz und ihr Inhalt wird einzig von uns alleine bestimmt.

Gerade deshalb sollten wir versuchen, unser Leben so farbenprächtig, wie es eben geht, zu gestalten, und versuchen, unsere Träume ins Leben zu ziehen.

Solange wir Träume haben, haben wir eine Geschichte, einen Lebenssinn, der uns wie ein Motor nach vorne bringt und das Leben zu einem faszinierenden Gefühl werden lässt.

Unser Leben braucht jeden Tag einen positiven kleinen Farbklecks, um unser Sein zum Leuchten zu bringen, und diese Farbkleckse sind in unseren Träumen versteckt.

Lebe so, dass die Vorstellungskraft Deiner **Wunschvorstellung** den Takt Deines Lebens angibt, denn dann werden aus Deinen Träumen Wunder in der Realität.

W – under
U – nbeschwert
N – eugier
S – chlaraffenland
C – harakter
H – eimat
V – ertrauen
O – ptimismus
R – ummelplatz
S – elbstbestimmung
T – iefgang
E – infallsreichtum
L – ebensfreude
L – achen
U – nendlichkeit
N – euanfang
G – edankenwelt

Wenn Du Deine **Wunder unbeschwert** genießen möchtest, musst Du nur mit **Neugier** in das **Schlaraffenland** Deiner Träume verreisen, um dort Deinen eigenen **Charakter** zu treffen.

Denn dieses Wunderland ist seine **Heimat**, dort leben **Vertrauen** und **Optimismus** auf dem **Rummelplatz** der eigenen Seele, um die **Selbstbestimmung** im **Tiefgang** des Seins zu erleben. So bringt Dir die Erkenntnis des eigenen **Einfallsreichtum**s die größte **Lebensfreude** und das schönste **Lachen**. Du bemerkst, dass Dein Leben **Unendlichkeit** bedeutet und dass Du immer wieder einen **Neuanfang** in Deiner eignen **Gedankenwelt** entstehen lassen kannst.

Liebe Deine Träume und liebe Dein Leben. Erkenne, wer Du wirklich bist, damit Du Dich selbst niemals vergisst.

TRAUMREISE

Ich will bei mir sein,
in mir daheim
mit meiner Seele lachen
und in ihr ein Feuer entfachen.
Will das Glück schmecken
und die Träume beim Fliegen hören,
bis sie mir gehören.
So fühle ich die Fröhlichkeit in meinem Bauch
und meines Lebens Hauch.
Ich will mir treu sein,
will nicht mehr scheu sein,
alles soll neu sein.
Will endlich leben,
mich vor nichts mehr ergeben
und lachend durch meine Träume schweben,
bis wir zusammen die Wirklichkeit erleben!

Das Gefühl von sich erfüllenden Träumen ist außer der Liebe das schönste Gefühl, das wir Menschen kennen. Ich wünsche Dir ganz viele sich erfüllende Träume, damit dieses Gefühl auf Dauer in Dein Leben einziehen kann.

VERLASSE DAS REICH DEINER TRÄUME NIE, DENN IN IHM LEBT DIE SCHÖNSTE LEBENSMELODIE.

Wundertütenpoet

Besuche mich auf

www.wundertuetenpoet.de